AF214895

Bestell-Nr.: RKW 5029
© 2022 by Kawohl Verlag, 46485 Wesel
Alle Rechte vorbehalten

Titelfoto: Getty Images / Andreka
Lektorat: Ulrich Parlow
Lektorat, Satz und Gestaltung: RKW / J. Dörr
Druck und Verarbeitung:
Drukarnia Dimograf, Bielsko-Biała, Polen
ISBN 978-3-86338-029-8   www.kawohl.de

Reinhold Ruthe

Wie Liebe
ein Leben lang
gelingt

Meine wichtigsten
Empfehlungen aus
50 Jahren Eheberatung

kawohl

Inhaltsverzeichnis

Vorwort

Vor geraumer Zeit sprach mich ein Pfarrer an, den ich schon viele Jahre kenne. Er sagte zu mir: „Herr Ruthe, Sie haben inzwischen ein hohes Alter erreicht, haben viele Bücher geschrieben. Welches Wort oder welcher Gedanke liegt Ihnen am meisten am Herzen, den Sie der Mitwelt unbedingt weitergeben möchten?"

Ich musste nicht lange überlegen: „Mir geht es um die *Liebe* Jesu Christi!"

„Richtig, ein zentraler Gedanke, ein zentrales Wort. Das Wort aller Worte!", bestätigte mir der Pfarrer.

„Was halten Sie denn davon, diesen Gedanken noch einmal vielen Suchenden und Nachdenklichen, von denen es meines Erachtens heute immer mehr gibt, ins Herz zu schreiben? Lieblosigkeit zerstört unser Zusammenleben! Nicht nur hier, sondern weltweit."

Der Gedanke hat mich eine Zeit lang beschäftigt. Ja, ich möchte ihn umsetzen. Am Ende meiner Tätigkeit als Ehetherapeut und als Berater und Seelsorger möchte ich gern mein *Vermächtnis* zu Papier bringen: wie eine glückliche Ehe, eine zufriedene Partnerschaft gelingen kann und es eine erfüllte Lebensgeschichte gibt.

Was mir als Therapeut, Seelsorger und Christ am Herzen liegt, habe ich in *27 Empfehlungen* formuliert. Ich bin der tiefen Überzeugung: Wer diese Empfehlungen anwendet und lebt, kann ein zufriedenes und harmonisches Leben in *Liebe* realisieren.

Das Zusammenleben zwischen Menschen, zwischen Jungen und Alten, zwischen Frauen und Männern, ob nun im Beruf, im Privaten oder ganz allgemein, besonders aber in Partnerschaft und Ehe, birgt viele Geheimnisse, Stolpersteine, Sackgassen, Irrwege – aber auch viele positive Kommunikationsarten, hilfreiche Umgangsformen, wohltuende Lösungsmöglichkeiten und geistliche Antworten.

Über 50 Jahre bin ich in der Beratungsarbeit und in der christlichen Seelsorge tätig gewesen. Wie viele unangenehme Selbsterfahrungen musste ich da machen, wie viele im Leben verunglückte Menschen und Charaktere sind mir begegnet. Im Grunde sind sie alle an falscher Selbstliebe, an falsch verstandener Liebe und an falschen Gottesbildern gescheitert. Menschen, egal welchen Alters, die sich verrannt haben, obwohl sie im tiefsten Grunde richtig handeln, leben und lieben wollen, tun mir von Herzen leid.

In 27 Empfehlungen möchte ich die wesentlichsten Umgangs- und Verhaltensmuster, die *wahre Liebe* widerspiegeln, formulieren. Liebe ist ein von Christen wie Nichtchristen ständig gebrauchtes Wort. Aber ich kenne kein Wort, das missverständlicher, irriger, falscher verwendet wird als dieser Begriff.

Auch die *Liebe in der Ehe* ist zwiespältig. Obwohl laut Statistischem Bundesamt die Zahl der Ehescheidungen in den letzten Jahren tendenziell zurückgegangen ist, bleibt sie dennoch relativ hoch. Ebenso hoch aber ist weiterhin die Sehnsucht nach gelungenen Partnerschaften und glücklichen Liebesbeziehungen. Doch die Liebe wird zerredet, egoistische Wünsche stehen oft im Vordergrund. Man dreht sich weiterhin um sich selbst – und nicht um den Partner.

Die Frage ist dringlich: Was kann dagegen getan werden, wie ist hier Abhilfe zu schaffen? Konkret: Was fördert die Übereinstimmung? Was verhindert Konflikte? Was stärkt die Zusammengehörigkeit? Was überbrückt Persönlichkeitsunterschiede? Was unterstützt die wirkliche Liebe?

Eine neue Perspektive: Wer wagt, gewinnt! Wer als Christ das Leben neu gestalten möchte, wird sein Dasein fruchtbar gestalten. Liebe aus Christus als Lebensquelle ist ein unschätzbares Geschenk, ein unbezahlbares Geheimnis, eine regelrechte Revolution.

Wer Gott vertraut, wird Vertrauen ernten. Wer so geht und handelt, den wird Gott segnen.

Ich wünsche allen Leserinnen und Lesern Mut machende Einsichten!

Empfehlung 1:

Wir können uns verändern durch Versachlichung

Missverständnisse und Meinungsverschiedenheiten kommen in den besten Familien vor. Darum gehören Vorwürfe und Kritik zum normalen Umgang miteinander. Wer sagt, dass er niemals Kritik übe oder Vorwürfe mache, weder jetzt noch in der Vergangenheit, der lügt oder betrügt sich selbst. Aber wie gehen Menschen hilfreich und konstruktiv mit Vorwürfen, Kritik und Missverständnissen um?

Weil wir alle unterschiedlich denken, fühlen, wünschen, streiten, kämpfen und schweigen, kommen Vorwürfe, Kritik, Anklagen, Distanzierungen und hässliche Auseinandersetzungen zustande.

Eine Begebenheit aus meiner eigenen Ehe mag dies illustrieren. Meine Frau Charlotte schilderte es so:

„Schauen wir uns ein Beispiel aus unserer Ehe an. Ich berichte einmal, was mir bei uns aufgefallen ist. Wir waren kurz verheiratet, da bekamen wir den ersten handfesten Ehekrach. Es war an einem Sonntag. Wir hatten gut zu Mittag gegessen und fühlten uns sichtlich wohl. Mein Mann sagte zu mir: ‚Lass alles stehen und liegen, wir halten zuerst einen Mittagsschlaf. Anschließend helfe ich dir beim Abwasch.' Irgendwie passte mir das nicht, aber ich konnte es nicht richtig begründen. Später wurde mir klar: Ich muss erst alles erledigt haben, sonst kann ich nicht ruhig schlafen. An der Stelle bin ich ein richtiger Perfektionist.“

Ich selber kann mich noch gut an die Szene erinnern, auch wenn sie Jahrzehnte zurückliegt. Wir sind in der Tat nach dem Essen ins Bett gegangen. Ich schlief sofort ein, und als ich nach einer halben Stunde meine Augen öffnete, lag meine Frau mit großen offenen Augen da. Ich fragte: „Warum schläfst du nicht?“ Und sie sagte allen Ernstes: „Ich kann nicht schlafen, da unten steht der Abwasch.“ Ich muss völlig verblüfft dreingeschaut haben. Ich verstand die Welt nicht mehr. In Sekundenschnelle wurde ich ärgerlich und reagierte laut und sehr unangenehm: „Wie kann man sich nur so kindisch verhalten?“

Das war eine schlimme und dumme Ohrfeige für meine Frau. Sie schimpfte zurück und beklagte mein mangelndes Einfühlungsvermögen. Die gesamte erotische Begleitmusik war selbstredend ebenfalls mit einem Schlage vorbei.

Was lernen wir daraus?

Der andere darf so sein, wie er ist

Konkret: „Ich liebe dich brutto. Ich liebe dich mit allen Fehlern, Schwächen und Eigenarten und wünsche mir: Du hältst es genauso." Liebe will den anderen nicht ummodeln, nicht erziehen, ihm keine Vorschriften machen.

Wir ziehen ganz praktische Konsequenzen

Noch einmal zu dem oben geschilderten Fall: „Wenn wir sonntags wieder nach dem Essen ins Bett gehen, hilft mir mein Mann, zuerst die Küche in Ordnung zu bringen. Ich brauche dieses Gefühl, dass alles in Ordnung ist. Selbst wenn die Einstellung scheinbar ‚kindisch' ist, ich darf sie haben, ich darf sie leben." So weit das Fazit meiner Frau.

Hüten wir uns davor, Konfliktvermeider zu werden

In meiner Ehe habe ich erlebt, dass meine Frau ihre Wünsche und Bedürfnisse im Allgemeinen deutlicher und klarer formulierte als ich. Ich neigte dazu, Frieden zu suchen und Harmonie zu leben. Die Gefahr ist dann, nachzugeben, und zwar nicht aus wirklicher Überzeugung, sondern aus Schwäche, aus Feigheit und aus Harmoniesucht. Die unguten Folgen: Ich schweige, wo ich reden sollte. Ich schweige und sammle „Anklagepunkte" gegen den anderen. Ich schweige und in mir sammelt sich Bitterkeit. Die Fassade der Ehe stimmt, aber „im Keller heulen die Wölfe".

Ich habe schon früh in der Ehe gelernt: Sag's mit Blumen, aber sag's! Bleib höflich, aber sprich aus, was dich bewegt.

Wir beide haben in 68 Jahren Ehe gelernt: Jeder darf sein, wie er ist. Wir respektieren seine Grundhaltung. Jeder stellt sich auf den anderen ein. Wer Haltung und Stellung des anderen für „blöd", für falsch und für unpartnerschaftlich hält, akzeptiert nicht das Gewordensein seines Gegenübers. Denn jeder hat einen Werdegang hinter sich. Jeder hat Eltern, Großeltern, Lehrer und weitere Personen erlebt, die Einfluss, Macht, Eindruck, Selbstvertrauen, Angst und Zuversicht für unsere Haltung und Einstellung hinterlassen haben. Und diese Haltungen und Einstellungen sind in der Regel fester im Charakter angelegt, als uns lieb ist.

Liebe heißt: „Ich liebe dich, wie du bist – nicht wie ich dich wünsche."

Liebe heißt: „Ich stelle mich auf dich ein."

Wir fragen uns:

- Wie gehen wir mit Vorwürfen, Kritik und Missverständnissen um?
- Schlagen wir verbal zurück?
- Schlucken wir Vorwürfe herunter und fressen alles in uns hinein?
- Reagieren wir leicht mit psychosomatischen Beschwerden?
- Setzen wir uns gleichgültig über Vorwürfe und Kritik hinweg und nehmen die Beschwerden des Partners nicht ernst?
- Sind wir ein Konfliktvermeider?
- Reagieren wir empfindlich und erpressen damit den Partner, seine Bedürfnisse für sich zu behalten?
- Wie viel Vorbehalte und Ressentiments haben wir gegen unseren Partner gespeichert?
- Fühlen wir uns wirklich zutiefst geliebt? Unsere Augen zeigen unser Innerstes, unser Mund verrät unser Innerstes.

Die Versachlichung ist ein notwendiger Schritt in unseren Beziehungen. Jede Liebesbeziehung verlangt und braucht sie. Je ruhiger, sachlicher und ausgeglichener wir mit dem Partner umgehen, desto ausgeglichener die Beziehung.

Empfehlung 2:

Wir müssen von unserer Ursprungsfamilie abgenabelt sein

Lebensglück fällt uns nicht einfach so in den Schoß. Es kostet Mühe und Arbeit. Die innere Harmonie muss gemeistert werden, muss von Jungen und Alten ernsthaft gewollt werden. Selbstliebe, Selbstvertrauen, Selbstbejahung und inneres Gleichgewicht sind Lernziele.

Eine unabdingbare Voraussetzung ist: Wir sollten vom Elternhaus abgenabelt sein. Das gilt ganz besonders für angehende Eheleute.

Die Bibel formuliert es gleich am Anfang, in der Schöpfungsgeschichte, so: „Darum wird ein Mann seinen Vater und seine Mutter verlassen und seiner Frau anhangen, und sie werden sein ein Fleisch" (1. Mose 2,24).

„Vater und Mutter verlassen", wie die Bibel es formuliert, hat nichts mit „im Stich lassen" zu tun. Denn in den Zehn Geboten werden wir ausdrücklich aufgefordert, Vater und Mutter zu ehren. Vielmehr ist gemeint: Wer das Elternhaus – auch innerlich – verlassen hat, diese „Nabelschnur" durchtrennt hat, kann selbstständig reagieren und handeln. Die

Loslösung muss gewährleistet, Selbstständigkeit und Unabhängigkeit müssen gegeben sein. Eine fortdauernde innere oder äußere Abhängigkeit produziert in der Zukunft neue Abhängigkeiten. Und Wut oder Hass auf die Eltern begründet im Leben neue Konfliktfelder.

Jungen und Mädchen, Männer und Frauen beginnen ein neues Leben. Sie haben das häusliche Nest, die Geborgenheit des Elternhauses und die Zufluchtsstätte in Schwierigkeiten hinter sich gelassen. Jugendliche und Heranwachsende sind lebenstüchtig geworden. Sie meistern ihre Lebenssituation.

Merke: Dass die Herkunftsfamilie sich „auflöst", ist gottgewollt! Natürlich darf – und wird im Normalfall – eine herzliche Bindung an die Eltern und ein äußerer Kontakt bestehen bleiben.

In der Seelsorge spielt das Problem der Beeinflussung durch Eltern und Schwiegereltern eine große Rolle. Denn nicht selten kommt es vor, dass Kinder und Schwiegerkinder sich gegängelt fühlen, sich abhängig fühlen. Vor allem, wenn es ums Geld geht.

Ein Beispiel aus meiner beruflichen Praxis: Ich habe einen Mann in der Beratung gehabt, der jeden Abend, wenn er von der Arbeit kam, zuerst bei seinen Eltern vorbeifuhr. Mit ihnen besprach er alle

Probleme. Es war kein Wunder, dass seine Ehefrau sich darüber verbittert zeigte. Denn das war keine gelebte Partnerschaft! Die Abnabelung hatte nicht stattgefunden.

Ein Ehe- und Familientherapeut hat es einmal so formuliert: „Im Ehebett liegen sechs Personen – die Eheleute, die Eltern und die Schwiegereltern." Eltern und Schwiegereltern haben ihre Kinder erzogen und beeinflusst; Wertvorstellungen, Umgangs- und Beziehungsmuster, Glaubens- und Lebensvorstellungen wurden ihnen vermittelt, kurz gesagt: ein bestimmter Lebensstil. Wenn die Kinder erwachsen und verheiratet sind, wirkt dieser Einfluss, ob wir wollen oder nicht, auf ihre Ehe ein. Darüber hinaus können natürlich auch die Großeltern oder andere Personen unseren Charakter und unseren Lebensstil nachhaltig beeinflusst haben.

Nicht selten wurden auch falsche Abhängigkeiten gelebt. Mütter oder Väter haben ihre Kinder an sich gebunden, Kinder haben sich an die Eltern gebunden. Ein Elternteil ist vielleicht mit seinem Kind stärker verbunden als mit seinem Partner.

Weil es so wichtig ist, sei es hier noch einmal betont: Zu einer glücklichen Partnerschaft gehört die gelungene Abnabelung.

Wir fragen uns: Welche Rolle spielen unsere Eltern, wenn es um den Austausch von Lebensproblemen und Alltagssorgen geht? Entscheiden wir unabhängig von unseren Eltern oder suchen wir auch deren Rat?

In der Seelsorge und in der Beratung geht es immer auch – direkt oder indirekt – um den Lebensstil des Ratsuchenden. Der Lebensstil – der uns, wie eben gezeigt, in unserer Ursprungsfamilie vermittelt wurde und den wir mit in unsere Ehe nehmen – ist Ausdruck unserer charakterlichen Prägung, spiegelt unsere Denk-, Gefühls- und Einstellungsmuster wider, hängt eng zusammen mit der Art und Weise, das Leben, die Arbeit, andere Menschen, die Welt und auch Gott wahrzunehmen. Keine zwei Menschen auf der ganzen Welt denken, fühlen und glauben gleich. Darum ist die genaue Definition des Lebensstils bei der Suche nach Problemlösungen enorm wichtig.

Wenn ein Mensch zum Glauben kommt, ändert sich normalerweise nicht automatisch sein Lebensstil. Es ist eher ein Prozess, der bei dem einen schneller verläuft und bei einem anderen langsamer. Die Gefahr besteht, dass manche Ausprägungen des Lebensstils lediglich christlich verbrämt werden. Wer zum Beispiel von Natur aus rechthaberisch ist, wird möglicherweise erst einmal auch als Christ entsprechend reden und handeln – und dabei meinen, für die Sache Jesu zu streiten und den Glauben zu verteidigen. Hier ist Selbstprüfung angezeigt, damit Christus in uns ganz Gestalt gewinnen kann.

Was erwarten wir?

- Wollen wir Recht behalten,
  sind wir Rechthaber?
- Wollen wir uns durchsetzen?
- Wollen wir anerkannt werden?
- Wollen wir unsere Prägungen und
  Leitvorstellungen durchsetzen?
- Welche versteckten Ziele, welche uns
  selber unbekannten Wünsche verfolgen wir?
- Sind wir extrem ehrgeizig?
- Sind wir besitzgierig?
- Sind wir eitel?

Empfehlung 3:

Die Schematherapie

Im vorhergehenden Kapitel ist bereits das Thema Lebensstil angesprochen worden. Das soll nun vertieft werden. Wir gehen der Frage nach, welche unterschiedlichen Ausprägungen ein Lebensstil haben kann und wie man dem auf die Spur kommt.

Dabei hilft uns eine noch relativ junge Therapieform: die Schematherapie. Sie wurde in den 1990er-Jahren als Ergänzung zur Verhaltenstherapie von dem US-Amerikaner Jeffrey E. Young entwickelt. Sie ist eng mit der Individualpsychologie verbunden, die sich – von einem ganzheitlichen Ansatz ausgehend – mit der psychologischen Struktur des menschlichen Lebens beschäftigt.

Mit „Schema" (Mehrzahl Schemata) sind gemeint:

- zentrale menschliche Lebensthemen,
- Kernbereiche des menschlichen Konflikterlebens,
- Konflikte rund um Gefühle, Kontrolle, Abhängigkeit, Leistung und Versagen.

Diese sind untrennbar verknüpft mit unserem Lebensstil, unseren Handlungs-, Denk-, Gefühls- und Glaubensmustern.

Die Schemata müssen zielgerichtet gedeutet werden. Wir fragen nach den offenen und versteckten Zielen, die wir anstreben mit unseren gerade aufgezählten Mustern. Erst wenn wir diese Charakterprägungen genau erkannt und präzise formuliert haben, und zwar in Übereinstimmung mit dem Ratsuchenden, können wir mit Änderungswünschen und -mustern beginnen. Dass diese Vorbereitung gemeinsam mit dem Ratsuchenden gemacht werden muss, ist wichtig für dessen Motivation und somit für den Erfolg: Er muss im Innersten überzeugt sein von der Sache.

Schemata und Lebensstile

Die Schematherapie hat 18 Ursachen entdeckt, die bei Kindern, Jugendlichen und Erwachsenen zu negativen Prägungen führen:

Schema 1: Verlassenheit

Wird das Grundbedürfnis des Kindes nach Geborgenheit und Sicherheit nicht erfüllt? Dann kann sich bei den Betroffenen kein Urvertrauen ausbilden und sie werden sich später im Tiefsten einsam und verlassen fühlen (Verlassenheitsängste).

Schema 2: Misstrauen und Missbrauch

Werden Kinder in den Beziehungen missbraucht (körperlich, sexuell oder seelisch), dann zeigen sie später Scham, tiefes Misstrauen und Schmerz wider. Ein distanziertes Verhältnis zu den Mitmenschen ist oft die Folge.

Schema 3: Emotionale Entbehrung

Kinder werden äußerlich versorgt, aber es fehlen Liebe und Nähe. Das Gefühl, für andere Menschen nicht wichtig zu sein, ist die Folge. Die Betroffenen fühlen sich wertlos und nicht geliebt.

Schema 4: Unzulänglichkeit und Scham

Wenn Kinder ständig Vorwürfe hören („Du bist zu dick, du bist ungeschickt, du kannst nichts …"), stellt sich ein Gefühl des Gedemütigtseins und der Minderwertigkeit ein. Auch später als Erwachsene meinen sie, keinen Anspruch auf Liebe und Respekt zu haben. In der Arbeitswelt und in Bezug auf Partnerschaft halten sie andere für tüchtiger, fähiger, liebenswerter und begehrenswerter.

Schema 5: Isolation und Entfremdung

Einsamkeit in der Kindheit, weil die Eltern nicht liebevoll da waren, führt zum Gefühl der Isolation und der Unverbundenheit. Die Betroffenen nehmen sich als isoliert, abgekoppelt, „abgehängt" wahr.

Schema 6: Abhängigkeit und Unselbstständigkeit

Die Eltern nehmen ihrem Kind alles ab. Die Folge: Es fühlt sich abhängig von seinen Eltern und hat den Eindruck, in der Welt nicht zurechtzukommen. Die geglaubte Inkompetenz raubt ihm den Wagemut und nimmt ihm den Willen, etwas zu vollbringen; es hält sich für minderwertig, schwach und machtlos.

Schema 7: Überängstlichkeit

Überängstliche Eltern fördern bei ihren Kindern ungewollt Angst vor der Außenwelt. Bei allem Tun und Lassen der Kinder wird vor drohenden Gefahren und Schäden gewarnt. Die Folge: Kinder erleben sich als verletzlich und wittern später überall Gefahren; sie haben Angst, etwas falsch zu machen.

Schema 8: Unterentwickeltes Selbstvertrauen

Die Eltern wirken übergroß und sehr bestimmend und verhindern so bei ihren Kindern die Entwicklung eines gesunden Selbstbewusstseins und Selbstwertgefühls. Neben mangelndem Selbstvertrauen schleichen sich beim Kind auch Schuldgefühle ein. Es fühlt sich gegenüber der Welt mit ihren Ansprüchen nur schlecht gewappnet.

Schema 9: Versagen

Es fehlen elterliche Ermutigung und Unterstützung, sodass das Kind zu stark auf sich allein gestellt ist. Der Glaube an die eigenen Fähigkeiten wird nicht gefördert. Die Gewissheit, dem Leben mit seinen täglichen Anforderungen gewachsen zu sein, fehlt dem Heranwachsenden; er hat das Gefühl, ein Versager zu sein.

Schema 10: Das Kind ist etwas Besonderes

Das Kind steht zu sehr im Mittelpunkt, es wird zu stark herausgestellt und gegenüber anderen Kindern überbeachtet. Die Folge: Es hält sich für etwas Besonderes und eckt mit dieser überheblichen Einstellung an.

Schema 11: Unzureichende Selbstkontrolle

Das Kind wird undiszipliniert erzogen und erlaubt sich zu Hause, aber auch außerhalb der Familie Unordentlichkeit und mangelnde Korrektheit. Es fällt ihm später schwer, Aufgaben ordentlich zu erfüllen.

Schema 12: Unterwerfung

Eltern haben sich ihre Kinder unterworfen. Diese ordnen sich später bedingungslos unter und füllen ihre Rolle als Untergebene gut aus. Am Arbeitsplatz und in der Ehe fügen sie sich und überlassen dem

Stärkeren das Feld. Wirklich zufrieden werden sie damit im Leben aber nicht.

Schema 13: Selbstaufopferung

Kinder, die über Gebühr ihre Eltern und andere versorgen müssen, verinnerlichen in der Folge, dass Selbstaufopferung großgeschrieben und uneingeschränkt erwartet wird. Ein Leben lang stellen sie ihre Bedürfnisse zurück. Nicht selten wählen sie Helferberufe.

Schema 14: Streben nach Anerkennung

Wenn von den Eltern nur erwünschtes Verhalten belohnt wird, ergibt das folgsame Kinder, die sich völlig auf die Eltern und deren Erwartungen einstellen und im späteren Leben (soziales Umfeld, Beruf, Partnerschaft) anerkennungssüchtig werden.

Schema 15: Pessimismus und Negativdenken

Die Eltern (oder zumindest ein Elternteil) sind Negativdenker und sehen alles im Leben kritischer und pessimistischer als nötig, sie haben immer eventuelle Negativfolgen im Blick. Diese Haltung wird auf ihre Kinder übertragen, die dann ebenfalls überall das Schlimmste erwarten und sich dadurch das Leben schwermachen.

Schema 16: Emotionale Gehemmtheit

Kindliches Verhalten wird nicht geduldet. Weinen, Lachen, Späße, Witze und eigenwilliges Verhalten werden unterdrückt. In der Folge sind sie als Erwachsene übermäßig vernünftig, es fehlt ihnen an Ungezwungenheit, Leichtigkeit und Lockerheit.

Schema 17: Überhöhte Ansprüche und Standards

Eltern geben Liebe nur für gute Leistungen. Sie sind stolz auf ihre Kinder, die hohe Standards einhalten. In der Folge stellen die Betroffenen überhöhte Ansprüche an sich selber und an andere.

Schema 18: Bestrafung

Die Eltern sind überkorrekt und bestrafen selbst kleinste Vergehen sofort. Fehler und folgende Bestrafung gehören zum Lebensalltag. So stellt sich bei den Heranwachsenden ein Lebensgefühl ein, dass falsches Denken, kleinste Umwege und lieblose Gedanken sanktioniert werden müssen. Sie rechnen permanent mit solchen Zurechtweisungen im Leben. Entsprechend sind sie überstreng mit sich selber. Die Lebensfreude fehlt.

Wie gelingt Gemeinschaft trotz Unterschiedlichkeit?

Die in diesen 18 Schemata skizzierten unterschiedlichen Prägungen, die den Betroffenen ja oft gar nicht bewusst sind, bergen erhebliches Konfliktpotenzial für das Zusammenleben und natürlich besonders für das eheliche Miteinander. Seelische Dissonanzen sind quasi vorprogrammiert.

Wenn junge Erwachsene das Elternhaus verlassen, einen Beruf erlernen, studieren oder eine Ehe eingehen, kommt der unbewusst erlernte Lebensstil zum Tragen. Plötzlich tauchen Eigenarten auf, die stören, geschehen Reaktionen, die überraschen, treten Verhaltensweisen auf, die verblüffen.

Und wenn zwei Menschen heiraten, sind ein gemeinsamer Name und eine gemeinsame Anschrift noch keine Garantie für eine wirkliche Gemeinsamkeit. Zwei Ichs, die zusammenleben, garantieren noch kein Wir.

Zwei mehr oder weniger unterschiedliche Menschen müssen nun die Autonomie des Partners respektieren und zugleich ein realistisches Zukunftsbild ihrer Gemeinschaft entwerfen. Das beinhaltet:

- Beide müssen ihre Originalität behalten.
- Keiner gibt seine Selbstständigkeit völlig auf.
- Keiner wird dem anderen hörig.
- Keiner zwingt den anderen in ein Schema.

Gemeinsamkeit verlangt, dass sich beide über alle Probleme, Schwierigkeiten und Meinungsverschiedenheiten austauschen. Wer sich schämt vor dem anderen, wer sich nicht traut, alles auszusprechen, untergräbt die Gemeinschaft.

Ich habe in meiner Beratungspraxis eine Frau kennengelernt, die Angst hatte, ihre Autonomie zu verlieren. Sie fürchtete, ständig faule Kompromisse schließen zu müssen. Sie hatte Angst, zu nachgiebig zu sein, sich zu sehr anzupassen, ihre Selbstständigkeit einzubüßen und sich am Ende selber aufzugeben. In letzter Konsequenz hat sie dann ihre Ehe verlassen.

Wir fragen uns: Kennen wir unsere Eigenarten und Eigenwilligkeiten? Kennen wir unsere Gewohnheiten, die für andere gewöhnungsbedürftig sind? Und haben wir Lösungen gefunden, mit unseren wie auch mit den Eigenheiten des Partners konstruktiv umzugehen?

Wer Gemeinsamkeit praktizieren will, benötigt Toleranz. Das Wort ist abgleitet von lateinisch „tolerare", was so viel bedeutet wie „ertragen, erdulden, aushalten".

Das heißt, ich bin bereit, den Partner mit seinen Überzeugungen zu tragen. Ich lasse die Meinung des Gegenübers stehen, auch wenn ich nicht mit ihr übereinstimme. Mehr noch: Ich versuche, sie zu verstehen. Ich respektiere selbstverständlich auch die Glaubensüberzeugungen des anderen. Toleranz ist letztlich eine Tugend der Mitmenschlichkeit.

Natürlich gibt es Grenzen der Toleranz. Wenn mein Gegenüber wissentlich Falschaussagen macht, die mit der Realität nicht übereinstimmen, muss ich widersprechen und richtigstellen. Aber der Widerspruch soll keine Feindseligkeit enthalten.

Toleranz meint übrigens nicht Gleichgültigkeit – eine wichtige Unterscheidung. Wem alles gleich gültig ist, dem ist der andere gleichgültig. Gleichgültigkeit ist Lieblosigkeit und Standpunktlosigkeit und letztlich Sünde. Das ist tödlich für eine Ehe.

Wir leben in der Ehe, in der Arbeitswelt, in der Nachbarschaft und in der Gemeinde nicht nur für uns selbst. Liebe erfordert eine klare Haltung, einen klaren Standpunkt. Liebe erfordert Toleranz, die vieles ertragen und dulden kann.

Jesus ist ein Vorbild für richtig verstandene und gelebte Toleranz gewesen, wie wir im Evangelium an vielen Stellen nachlesen können. Uns steht es nicht zu, die Menschen und den Ehepartner endgültig zu beurteilen oder zu verurteilen. Wer wirklich tolerant ist, kann warten und hofft, dass der andere seinen Weg findet. Denn Gott lässt seine Sonne aufgehen über Böse und Gute und lässt regnen über Gerechte und Ungerechte, wie Jesus es in der Bergpredigt sagt (Matthäus 5,45).

Was wir brauchen:

Ja, wir alle brauchen Gottes guten Geist, brauchen seinen Beistand, um mit Vorurteilen und Voreingenommenheit fertig zu werden.

Wir brauchen Gottes Beistand, um mit unserem Lebensstil, unserem Charakter und unserem Gewordensein fertig zu werden.

Wir brauchen Gottes Liebe, die unseren Geist, unsere Seele und unser Herz steuert, damit wir Liebe praktizieren.

Denn nur so gelingen menschliche Begegnungen und nur so gelingt Ehe.

Empfehlung 4:

Selbstwert und Liebe gehören zusammen

Was hat der Selbstwert, mein Selbstvertrauen mit Liebe zu tun?

Wahre Liebe ist ohne Selbstwert nicht denkbar. Er spielt in unserem Leben eine entscheidende Rolle.

Eltern, Großeltern, Menschen, die Kinder wirklich lieben, sie alle bauen einen gesunden Selbstwert in Kindern auf. Sie vermitteln ihnen Selbstvertrauen und ein gesundes Selbstbewusstsein. Damit legen sie in ihnen zugleich das Fundament für ein späteres Partnerschaftsglück, für ein gelingendes und ein fruchtbares Sichbegegnen auf Augenhöhe.

Wer sich dagegen nicht angenommen und geachtet weiß, sich klein und minderwertig fühlt, wird sich stets vor anderen zu profilieren suchen, wird sich mit anderen vergleichen wollen, wird von Eifersucht geplagt sein und so letztlich belastende Beziehungen erleben.

Die Weichen werden in der Kindheit gestellt. Kinder fühlen sich naturgemäß von Riesen umgeben. Die Großen können scheinbar alles. Als Kind ist man von den Stärken der Erwachsenen abhängig.

Und die Sehnsucht wächst, einmal so groß, so stark, so überlegen und so tüchtig zu sein. Werden jedoch die kindlichen Minderwertigkeitsgefühle bestätigt, dann verfestigt sich das Empfinden von Machtlosigkeit und Kleinheit.

Keine Frage: Dies beeinträchtigt jede spätere Partnerschaft, aber auch alle anderen Lebensbereiche.

Wir handeln nach unserem Selbstporträt

Jeder von uns trägt ein Selbstporträt im Herzen. Jeder hat eine Vorstellung von sich selbst. Sie kann positiv oder negativ sein. Der eine hat ein zuversichtliches und selbstvertrauendes Bild von sich, der andere ein abwertendes und übertrieben selbstkritisches.

Etwas zugespitzt kann man sagen: Der Mensch ist das, was er von sich glaubt. Und dieses Selbstbild spiegelt sich in späteren Beziehungsstörungen wider.

Es gibt viele Gründe für Selbstwertstörungen bei Kindern, auf die im Einzelnen einzugehen an dieser Stelle zu weit führen würde. Hier soll indessen der Frage nachgegangen werden, was dagegen getan werden kann. Wie können wir frei werden von eingeredeten Selbstwertstörungen? Denn niemand muss daran festhalten!

Auf dem Weg zu einem gesunden Selbstwert

Im Folgenden einige Denkanstöße, wie ich zu einem gesunden Selbstwert gelangen kann:

Denkanstoß Nr. 1: Ich bejahe mich selbst!

Wer Christus nachfolgt, darf sich um ein positives Selbstbild bemühen, ja darf sich ein positives Selbstbild unterstellen. Denn wenn Jesus einen Menschen liebt, verleiht er ihm auch Würde, Selbstachtung, Bestätigung.

Wir werden von Gott geliebt um unserer selbst willen. Wir werden geliebt, ohne dass wir es irgendwie verdient hätten. Niemand muss dafür zuerst geistliche Klimmzüge vollbringen. „Wer immer strebend sich bemüht, den können wir erlösen" – diese Selbsterlösungsweisheit aus Goethes „Faust" gilt hier zum Glück nicht.

Die Realität sieht leider oft so aus: Menschen bejahen sich nicht. Sie finden sich zu dünn, sie finden sich zu dick, sie finden sich nicht attraktiv. Sie sind mit sich nicht im Reinen. Und unternehmen alles Mögliche, um in ihren eigenen Augen „wertvoll" zu werden.

Unsere Selbstachtung darf hingegen wachsen, wenn wir glauben, dass unser Schöpfer uns bedingungslos liebt. Das ist die befreiende Botschaft des biblischen Evangeliums.

Denkanstoß Nr. 2:
Warum denke ich so schlecht von mir?

Es gibt eine Reihe von Gründen, warum ein Mensch schlecht von sich denkt und sich abwertet. Was will er damit erreichen, welche Ziele verfolgt er damit? Zwei gegenläufige Absichten können dahinterstecken:

Jemand benutzt die Selbstabwertung, um seine Inkompetenz zu demonstrieren und sich auf diese Weise vor Anforderungen des Lebens und des Alltags in Ehe, Familie, Beruf usw. zu schützen. Es wird das Signal ausgesendet: „Ihr müsst euch eine geeignetere Person suchen, ich kann das nicht, was ihr von mir erwartet!"

Das genaue Gegenteil ist die andere mögliche Absicht: Man benutzt die Selbstabwertung, um gelobt, bestätigt und anerkannt zu werden. Man macht sich klein, um dann von anderen groß herausgestellt zu werden („Fishing for Compliments") – eine Taktik, die im Zwischenmenschlichen nicht selten vorkommt.

Denkanstoß Nr. 3:
Ich kann meine Lebenseinstellung verändern

Wenn ich weiß, dass Christus mich liebt, achtet und wertschätzt, kann ich in seiner Kraft eine positive Blick- und Denkrichtung einschlagen. Ich denke bewusst darüber nach, wofür ich in meinem Leben dankbar sein kann. Bin ich ein Pessimist und „Befürchtertyp", mag das anfangs schwerfallen. Ich muss üben, diese destruktive Denkweise zu überwinden und meine abwertenden Selbsteinschätzungen abzulegen. In der Folge werden sich mein Selbstvertrauen und damit auch meine Partnerschaftsfähigkeit zusehends verbessern.

Empfehlung 5:

Falschem Ehrgeiz auf die Spur kommen

Das im griechischen Urtext des Neuen Testaments gebrauchte Wort „eritheia" für Ehrgeiz beinhaltet die Bedeutungen Zank, Ränkespiel, Intrigen, Streitsucht.

Weil beim Ehrgeiz die eigene Ehre und die Eitelkeit im Mittelpunkt stehen, wird nicht der Nächste geachtet, nicht der Partner. Die Liebe hat es da wahrlich schwer, ein fruchtbares Miteinander ist kaum möglich. Ehrgeiz und Nächstenliebe sind sozusagen ein Widerspruch in sich.

Wer wissen will, ob seine Handlungen mehr „sachlich" oder mehr „ichhaft" sind (das Begriffspaar geht auf den deutschen Individualpsychologen Fritz Künkel zurück), kann sich selbst die Frage stellen: „Wozu tue ich das, was ich tue? Was will ich damit letztlich erreichen?" Mit dieser Frage wird der eigentliche Zweck unseres Handelns klar, unsere tiefste Absicht wird deutlich.

Viele Ehrgeizige sind Getriebene. Geltungssucht und Anerkennungsstreben stehen im Vordergrund. Man will besser sein als andere, will sich überheben und andere ausstechen, um zu gelten und anerkannt zu werden. Ehrgeiz hat mit der Angst zu tun, nicht zu genügen, nicht wertvoll zu sein, nicht anerkannt zu werden. Im letzten Grund ist es die Angst um die Geltung des eigenen Ich.

Verständlicherweise spielt der Ehrgeiz in unserer Leistungsgesellschaft eine große Rolle. Aber auch im christlichen Kontext ist er zu finden und kann hier zur Selbsttäuschung führen oder sich fromm tarnen. Dies ist das Thema in der Romanverfilmung „Die Dornenvögel": Der hochbegabte Pater Ralph kommt in Australien in den Genuss einer großen Erbschaft. Er verzichtet auf die Liebe einer jungen Frau und wird schließlich nach Rom berufen, wo er später Kardinal wird. Der Erzbischof ist sein väterlicher Freund. Er hat den jungen Priester durchschaut und sagt zu ihm: „Sie haben sich in Australien nicht zwischen einer Frau und Gott entschieden, sondern zwischen einer Frau und dem Ehrgeiz."

Dem eigenen Ehrgeiz auf die Spur kommen und ihm den Kampf ansagen

Eine Reihe von Fragen zur Selbsterforschung können helfen, den eigenen bewussten oder unbewussten Motiven auf die Spur zu kommen:

- Will ich besser sein als andere?
- Muss ich mir auf diese Weise Anerkennung verschaffen?
- Brauche ich Bestätigung von anderen?
- Muss ich beliebt sein?
- Muss ich perfekter sein als andere?
- Will ich gewissenhafter sein als andere?
- Will ich moralischer sein als andere?
- Muss ich geradliniger sein als andere?
- Muss ich ehrlicher sein als andere?
- Will ich mit Ehrgeiz Macht ausüben?
- Will ich mit Ehrgeiz herrschen?
- Will ich mit Ehrgeiz im Mittelpunkt stehen?
- Will ich gläubiger sein als andere?
- Will ich mir die Zuneigung durch Einsatz erkaufen?
- Schufte ich mehr, weil ich nicht Nein sagen kann?
- Will ich durch Dienen herrschen?
- Habe ich ohne Leistung Angst, verlassen zu werden?
- Habe ich ohne Leistung Angst, keine Existenzberechtigung zu haben?
- Muss ich hohe Selbstansprüche verwirklichen?
- Will ich nicht enttäuscht werden?

Anhand dieser Liste können Betroffene sich folgende Fragen stellen:

- Wo bzw. wie oft fühle ich mich angesprochen?
- Welche Punkte betreffen mich am stärksten?
- Welche Punkte sind in den Augen
  meines Partners die unangenehmsten?
- Will ich gemeinsam mit meinem Partner
  eine Korrektur in Angriff nehmen?

Eine biblische Bewertung des Ehrgeizes

Ehrgeiz gehört zu den „Werken des Fleisches"

„Offenkundig sind aber die Werke des Fleisches, als da sind: Unzucht, Unreinheit, Ausschweifung, Götzendienst, Zauberei, Feindschaft, Hader, Eifersucht, Zorn, Zank, Zwietracht, Spaltungen, Neid, Saufen, Fressen und dergleichen. Davon habe ich euch vorausgesagt und sage noch einmal voraus: Die solches tun, werden das Reich Gottes nicht erben."

Galater 5,19-21

Ehrgeiz sucht die eigene eitle Ehre

„Lasst uns nicht nach eitler Ehre trachten, einander nicht herausfordern und beneiden."

Galater 5,26

„Tut nichts aus Eigennutz oder um eitler Ehre willen, sondern in Demut achte einer den andern höher als sich selbst."

Philipper 2,3

Ehrgeiz will über andere herrschen

Jesus erteilt falschem Ehrgeiz unter seinen Jüngern eine Absage: „Es erhob sich auch ein Streit unter ihnen, wer von ihnen als der Größte gelten sollte. Er aber sprach zu ihnen: Die Könige herrschen über ihre Völker, und ihre Machthaber lassen sich Wohltäter nennen. Ihr aber nicht so! Sondern der Größte unter euch soll sein wie der Jüngste und der Vornehmste wie ein Diener."

Lukas 22,24-26

Empfehlung 6:

Der Eifersucht die Rote Karte zeigen

Leider spielen Eifersucht und Neid in unser Liebesleben hinein. Eifersucht ist ein Tyrann und macht das Leben unerträglich. Neid ist der Schmerz über den Besitz des anderen und wirft missgünstige Blicke.

Schon in der Bibel (Prediger 4,4) heißt es: „Ich sah alles Mühen an und alles geschickte Tun. Da ist nur Neid des einen auf den andern." Ist das übertrieben oder traurige Realität?

Wenn wir ehrlich sind, müssen wir zugeben: Es ist leider wahr. Die Bibel ist voller entsprechender Berichte: Kain und Abel und der Brudermord; die Feindschaft zwischen Jakob und Esau; Josef, der von seinen Brüdern als Sklave verkauft wird; Sauls Mordabsichten gegen David … Seit Menschengedenken eine endlose Kette von Neid und Eifersucht samt ihren zerstörerischen Auswirkungen.

Die Wurzeln der Eifersucht

Eifersucht ist das Symptom einer tief sitzenden Selbstwertstörung. Es ist die Angst, dass wir verlieren können, was wir lieben; dass jemand anders es uns streitig machen und wegnehmen könnte. Dieser andere hat, zumindest in unseren Augen, mehr zu bieten als wir, ist beliebter. Wir können da, so meinen wir jedenfalls, nicht mithalten. Je weniger wir uns selbst schätzen, je weniger wir von uns halten und je mehr wir auf andere schauen, desto gefährdeter sind wir.

Eifersucht ist ein Besitzanspruch. Mann oder Frau klammern den Partner. Fürsorglichkeit wird zur Kontrolle. Vielleicht wird man gar zum Despoten und will den Partner beherrschen.

In der seelsorgerlichen Beratung gesteht mir eine Frau: „Mein Mann behandelt mich wie eine Gefangene. Wohin ich auch gehe, er geht mit. Er ist an meiner Seite wie ein Wachhund!"

Selbstwertstörungen nehmen in unserer Gesellschaft zu, damit verbunden Egoismus, Narzissmus, Kontaktschwäche; im Gegenzug schwinden Kompromiss- und Verzichtbereitschaft. Entsprechend problematischer werden die zwischenmenschlichen Beziehungen, besonders natürlich in Partnerschaft und Ehe. Nicht zuletzt die wachsende Zahl derer, die als Single leben, ist ein Indiz dafür.

Liebe in ihrer ureigensten Form
hat nichts mit Besitzgier zu tun

Gott hat den Menschen zur Gemeinschaft geschaffen. Gemeinschaft beglückt und gibt Geborgenheit.

Liebe in ihrer schönsten Form beinhaltet:

- Wir wollen uns beschenken und beglücken.
- Wir wollen Freud und Leid miteinander teilen.
- Wir wollen unsere Unterschiede achten und ernst nehmen.
- Wir wollen uns von Gott die Kraft und die Liebe schenken lassen, alle Differenzen und Konflikte, die zum Leben gehören, gemeinsam oder in Liebe zu lösen.

Gemeinschaft heißt Teilhabe, heißt Berührung, heißt Kontakt, heißt inniges und schicksalhaftes Verbundensein.

Gemeinschaft, die sich mit Christus verbunden weiß, ist eine liebende und heilende Gemeinschaft: Gemeinsames Hören auf Gottes Wort, gemeinsames Beten, gemeinsame Zärtlichkeit, gemeinsamer Austausch von Gedanken, Wünschen und Gefühlen, gemeinsame Konfliktlösung.

Gottes Liebe in Christus nimmt uns die Eifersucht. Wir dürfen die Angst abgeben, der Partner könnte jemand anderen attraktiver finden. Wir dürfen übertriebene Fürsorge, Klammern und zwanghaftes Kontrollieren unterlassen.

Gottes Liebe bereichert unsere Liebe. Seine Liebe hat eine andere Qualität als unsere von Natur aus egoistischen und selbstsüchtigen Ansprüche.

Empfehlung 7:

Wir denken frühzeitig über unsere Übereinstimmung nach

Immer mehr junge Menschen finden keinen ihnen zusagenden Partner fürs Leben. Sie bleiben ledig wider Willen. Oder sie gehen auseinander, weil ihre sogenannten Liebesbeziehungen aus verschiedensten Gründen scheitern.

Ein Hauptgrund dafür sind überzogene Ansprüche an den Partner und unrealistische Erwartungen im Blick auf die Partnerschaft. Die Angst, nicht die „Richtige", den „Richtigen" zu finden, den vollkommenen Partner, führt am Ende dazu, dass viele allein bleiben.

Sie wollen „nicht die Katze im Sack kaufen", sondern die Garantie haben, dass man sich ein Leben lang versteht, und die Gewissheit, dass man bei allen wichtigen Lebensfragen übereinstimmt und als Mann und Frau allen ehelichen Herausforderungen gewachsen ist.

Doch wer einen vollkommenen Partner sucht, sollte besser ledig bleiben. Oder seinen Beruf an den Nagel hängen und sich auf eine jahrelange Wanderschaft begeben; vielleicht ist Gott ihm gnädig …

Eine Ehe kann heute im Durchschnitt 45 Jahre dauern. Da ist es verständlich, dass viele davor zurückschrecken und ein solches Wagnis nicht eingehen wollen. Vor allem Kinder und Jugendliche, die streitsüchtige oder sich ständig widersprechende Eltern erleben mussten, sind mit bitteren Erfahrungen vorbelastet, die sie später im Leben nicht einfach wegschieben können.

Meine Ehe hat 68 Jahre gedauert. Meine Frau starb mit 90 Jahren. Wir waren verschieden, wir sind verschieden geblieben, aber die wirkliche Liebe hat die Unterschiede ertragen. Wir haben uns gegenseitig bejaht und die Besonderheiten des anderen geachtet. Wir fühlten uns beide von Christus geliebt und angenommen und wollten ihm nachfolgen und ihn mit unserem Leben und unserer Ehe ehren. Wir haben beständig um Kraft und Beistand gebetet, dass wir seiner Liebe in unserer Partnerschaft Gestalt geben.

Wer in einer Ehe und Familie aufgewachsen ist, in der die Eltern relativ liebevoll und einfühlend miteinander umgingen, wo es selten heftige und anhaltende Auseinandersetzungen gab, der glaubt an zwischenmenschliche Übereinstimmung, an positive Umgangsformen und an Verhaltensmuster, die eine tragfähige Partnerschaft ermöglichen.

Gedanken zu einer gelingenden Ehe

Denkanstoß Nr. 1: Scheidung der Eltern
als Risikofaktor für die eigene Ehe

Wenn jede dritte Ehe in Europa wieder geschieden wird, in einigen Großstädten jede zweite, dann kann man davon ausgehen, dass eine ganz große Zahl von Menschen von dieser Thematik bzw. Problematik direkt oder indirekt betroffen und berührt sind. Scheidungskinder sind oft jahrelang mit in die Auseinandersetzungen hineingezogen worden. Schmerzliche Erfahrungen haben sie hellhörig und übervorsichtig werden lassen.

Hat ein Eheaspirant die Scheidung seiner Eltern erlebt, steigt die Wahrscheinlichkeit, dass die eigene Ehe scheitert, um 15 bis 20 Prozent. Haben beide Ehekandidaten eine Scheidung der Eltern erlebt, steigt diese Wahrscheinlichkeit gar um ca. 50 Prozent. Kein Wunder, dass viele junge Menschen nach einem vollkommenen Partner Ausschau halten – sie wollen nicht, dass die eigene Ehe das gleiche Schicksal erleidet.

Denkanstoß Nr. 2:
Gestiegene Ansprüche an Partner und Ehe

Dieses gestiegene Anspruchsdenken betrifft beide Seiten, Frauen wie Männer. In früheren Generationen war es einfach. Männer gingen ihrem Beruf nach, Frauen blieben zu Hause und erzogen die Kinder. Die Wünsche und Erwartungen bezüglich Partner und Ehe waren bescheidener, „bodenständiger" und blieben weit hinter denen der Menschen von heute zurück, bei denen bewusst oder unbewusst das Ziel der Selbstverwirklichung eine große Rolle spielt.

Zum Vergleich: 1880 verbrachten Eheleute nach der Heirat höchstens ein Jahr ohne ihre Kinder zusammen. Im Allgemeinen hatten sie mehrere Kinder und waren zeitlebens mit der „Aufzucht" des Nachwuchses beschäftigt. Zu Beginn des 21. Jahrhunderts verbringen Eheleute, nachdem ihre Kinder das Elternhaus verlassen haben, im Durchschnitt noch über 20 Jahre zusammen. Da ist es erforderlich, dass sie gemeinsame Pläne und Ziele haben und gemeinsam etwas miteinander anfangen können. Ideal ist es, wenn sie zusammen im christlichen Glauben verbunden sind.

Denkanstoß Nr. 3: Es gibt keine Garantie
für eine zukünftige Harmonie in der Ehe

Ehen sind ein Wagnis. Mann und Frau vertrauen dem lebendigen Gott und sich, dass sie die Gemeinschaft meistern. Niemand kann seelische oder körperliche Krankheiten voraussagen, keiner kann

Konflikten aus dem Wege gehen. Es gibt körperliche und vielleicht auch seelische Veränderungen, die wir miteinander tragen. Persönlichkeitsveränderungen können eintreten. Nur wenn beide ehrlich wollen, wenn beide motiviert sind, an einem Strang zu ziehen, können Probleme bewältigt werden. Das Leben verändert uns und deshalb wird keiner von uns noch derselbe Mensch sein, der er 20 oder 50 Jahren vorher gewesen ist, als er das Ehegelöbnis gesprochen hat.

Junge Menschen vor der Ehe sollten wissen, dass zur Partnerschaft auch unlösbare Probleme gehören. So schreibt John M. Gottman, ein führender Ehetherapeut in den USA, in seinem Buch „Die 7 Geheimnisse der glücklichen Ehe" (Econ Ullstein List, München, 2000, S. 158): „Wenn Sie sich einen Partner fürs Leben wählen (…), dann werden Sie zwangsläufig auch eine bestimmte Anzahl unlösbarer Probleme wählen, mit denen Sie dann die nächsten zehn, zwanzig oder fünfzig Jahre zu kämpfen haben werden."

Der Vater der Ehekunde und -forschung in Europa, Theodor Bovet, war der Meinung, dass wir mit jedem Partner glücklich werden können, wenn wir ernsthaft wollen. Übereinstimmung fällt uns nicht in den Schoß. Sie ist auch nicht schon dadurch gegeben, dass wir glauben, in den meisten Punkten übereinzustimmen. Nein, Übereinstimmung ist ernsthafte Arbeit und kein Verliebtheitsgeplänkel.

Denkanstoß Nr. 4:
Die Wichtigkeit eines gemeinsamen Zieles
und Lebenssinns

Schon vor der Eheschließung sollten sich beide über ihre Pläne, Ziele und den Lebenssinn verständigen.

In der Phase der Verliebtheit hat man vielleicht – mehr oder weniger unverbindlich und ohne wirkliche Klarsicht – darüber diskutiert und fällt dann später aus allen Wolken, wie stur und zielstrebig der andere seine Vorstellungen realisiert.

Die Frage nach dem Sinn des Lebens ist eine praktische wie auch eine existenzielle Frage. Sie entscheidet über Glück und Unglück. Wenn Christus der Sinn unseres Lebens ist, haben wir Antriebskräfte und Lebensfreude. Wir gehen in die gleiche Richtung. Wir ziehen an einem Strang. Der christliche Glaube ist eine verbindende Kraft, mit deren Hilfe die unterschiedlichen Bedürfnisse und Wünsche eingeebnet oder zumindest verträglich gemacht werden. Wir sind dann eins in der Erfüllung alltäglicher Aufgaben wie auch im Blick auf das große und eigentliche Lebensziel.

Wir fragen uns:

- Haben wir vor der Ehe über unsere Übereinstimmung nachgedacht?
- Hat die Verliebtheit unseren Blick getrübt?
- Welche Gesichtspunkte haben uns in der Ehe überrascht, wo die Übereinstimmung fehlt(e)?

Empfehlung 8:

Wir sehen den Unterschied zwischen Verliebtheit und Liebe

In einem Eheratgeber wurde die Verliebtheit einmal als „die kleine Schwester der Liebe" bezeichnet, die durch körperliche Anziehung und Träume genährt würde. Im Prinzip richtig. Und doch: Die Verliebtheit wird damit viel zu hoch bewertet!

Verliebtheit ist bestenfalls eine kindliche und unreife Form der Liebe

Wir sagen: „Ich bin verrückt nach dir! Du bringst mich total durcheinander! Ich bin im siebten Himmel!"

Die Gefühle überwältigen uns und nehmen uns gefangen. Wir schwärmen, wir schmachten, wir vergehen vor Sehnsucht. Der Verstand wird überrumpelt. Sexuelle Wünsche werden geweckt.

Doch Verliebtheit hat mit wahrer Liebe wenig zu tun. Sie verkennt die Realität. „Verliebtheit ist eine psychische Angina, ein Zustand geistiger Verengung", hat der spanische Philosoph Ortega y Gasset konstatiert.

Wer seine Partnerschaft, seine Liebe lediglich auf Verliebtheit baut, ist verraten und verkauft. Zwei Verliebte sind berauscht, wenn sie sich sehen. Schmetterlinge im Bauch, der Verstand ist abgeschaltet. Sonntagsstimmung, Hochgefühl, unfassbares Glück. Völlige Übereinstimmung, die Herzen schlagen im Gleichklang.

Nur ist die Wirklichkeit nicht so. Alles Kritische und Realistische ist zugedeckt. Der kommende Ehealltag mit seinen Problemen bleibt ausgeblendet: Partnerschaftskonflikte, Ärger mit den (Schwieger-) Eltern, berufliche Schwierigkeiten, Selbstwertstörungen usw.

Verliebtheit ist Verrücktheit

Der Psychologe und Psychotherapeut Dirk Revenstorf schreibt in seinem Buch „Die geheimen Mechanismen der Liebe. Sieben Regeln für eine glückliche Beziehung" (Klett-Cotta, Stuttgart, 2008, S. 39 f.): „Verliebtheit ist der von Außenstehenden oft nicht nachvollziehbare Wahnsinn vollkommener Hingerissenheit, welche den verliebten Menschen gefangen nimmt (…). Manche Autoren bringen Verliebtheit wegen gewisser biochemischer Veränderungen im Gehirn und Blutkreislauf, nämlich dem erhöhten Pegel der Neurotransmitter Noradrenalin und Dopamin und dem erniedrigten Spiegel an Serotonin, mit der Manie in Verbindung (...). Verliebtheit ist nicht Liebe, aber sie schafft eine gute Voraussetzung für eine Liebesbeziehung, wenn beide gewillt sind, nicht nur den Rausch zu erleben, sondern sich dafür interessieren, das Geheimnis der Anziehung ein wenig zu lüften."

Diese Aussage ist harter Tobak. Revenstorf spricht tatsächlich von „Manie", die heute zu den sogenannten „affektiven Psychosen" zählt. Tatsächlich führt die Verliebtheit zu Verhaltensweisen, die ähnlich unvernünftig und von manischem Optimismus geprägt sind.

Verliebtheit macht blind

Diese Volksmundweisheit beschreibt treffsicher die Schattenseiten dieses faszinierenden Gefühls. Verliebtheit ist ein wunderbarer Schwebezustand. Verliebte gehen auf Wolken oder fühlen sich auf Rosen gebettet. Sie sehen die Dornen nicht, sind einseitig vom Duft der Rosen betört. Schlafwandeln mit geschlossenen Augen. Fehler, Schwächen und problematische Charaktereigenschaften des Partners werden ausgeblendet, ignoriert, nicht registriert. Das Gegenüber wird idealisiert und nicht so wahrgenommen, wie es wirklich ist. Man liebt das hübsche Gesicht, die tolle Figur, die schöne Stimme, aber alle Unstimmigkeiten sind nicht im Blickfeld.

Richard David Precht beschreibt in seinem Buch „Liebe. Ein unordentliches Gefühl" (Goldmann, München, 2010, S. 176 f.) diesen Zustand der temporären Blindheit mit einem treffenden Vergleich: Der Verliebte sehe nur das Lächeln der Geliebten und erst später auch die eigentlich unübersehbaren Zahnlücken. Im Übrigen ist er der Meinung, dass Verliebtheit im Durchschnitt lediglich drei bis zwölf Monate anhalte.

Verliebtheit ist ein wunderbares Gefühl, das wenig mit der Realität im späteren Zusammenleben zu tun hat. Es ist bestenfalls ein Durchgangsstadium zur Liebe. Verliebtheit ist Liebe im Keimzustand.

Wir fragen uns:

- Sehnen wir uns noch nach der Phase der Verliebtheit, die alles unproblematisch sieht? Glauben wir, dass diese Phase alle Probleme lösen würde?
- Ist bei uns diese Phase abgelöst durch die Realität des Alltags, wo Stimmungen, Charaktereigenarten und antrainierte Verhaltensmuster das Miteinander bestimmen?
- Sagen wir Ja zueinander und können auftretende Meinungsverschiedenheiten und Probleme gemeinsam lösen?

Empfehlung 9:

Wir kennen die Macht der Hormone

Wenn es um Verliebtheit, Liebe und menschliche Beziehungen geht, spielen Hormone eine große Rolle. Sie können über unsere Stimmungen, über die Stabilität der Partnerschaft und über unser Wohlbefinden bestimmen.

Chemische Botenstoffe lenken den Menschen durchs Leben. Sie übertragen Informationen im Organismus. Sie beeinflussen Denken, Handeln und selbst Gefühle wie Angst, Wut, Ärger und Zuneigung. Sie bestimmen unsere Persönlichkeit mehr, als uns lieb ist.

Ca. 150 solcher chemischen Botenstoffe sind heute bekannt. Erzeugt werden sie in den endokrinen Drüsen, transportiert werden sie in der Blutbahn.

Manche Hormone können Verhalten und Emotionen direkt beeinflussen. Ich nenne nur einige:

- Progesteron, ein Geschlechtshormon, kann wie ein Beruhigungsmittel wirken.
- Serotonin hebt die Stimmung.
- Cortisol wird in Stresssituationen ausgeschüttet.

- Östradiol ruft Stimmungsschwankungen bei Mädchen hervor.
- Testosteron fördert bei Jungen Aggressivität und Draufgängertum.
- Östrogene stärken die Gedächtnisleistung bei Jungen und Mädchen.

Die Hormone Dopamin und Oxytocin

Bei der Verliebtheit spielen mehrere Faktoren eine Rolle, nicht zuletzt die körperliche Anziehung. Wenn uns ein Mensch sexuell anspricht, dann erhöht sich der Ausstoß des Botenstoffes Dopamin. In der Folge steigt die Herzfrequenz, uns wird innerlich heiß, unruhig, eine berauschende Hochstimmung wird erzeugt, im Gehirn wird die Lust auf Sex geweckt.

Dopamin ist aber sozusagen nur ein Erfüllungsgehilfe, er steuert die chemische Umwandlung. Beim Mann wird Testosteron aktiviert, bei der Frau Östrogen. Die Blutzufuhr in Glied und Scheide wird erhöht.

Oxytocin wird auch als „Kuschelhormon" oder „Treuehormon" bezeichnet, da es die emotionale Bindung fördert, Bindungslust und Bindungsfähigkeit verstärkt. Es hilft, wenn es zusätzlich eingenommen wird, Konflikte besser zu lösen.

Bei Berührungen und Zärtlichkeit wird Oxytocin freigesetzt. Es vermittelt ein Gefühl von Nähe, stärkt Vertrauen und Zuneigung, kann Stress reduzieren und Angstreaktionen vermindern und steigert die Wahrnehmungsfähigkeit. In der Forschung besteht die Hoffnung, dieses Hormon demnächst bei Autisten, bei sozialer Phobie und Borderline-Störungen einsetzen zu können.

Eine Zwischenbilanz

Zweifellos spielen Hormone in diesem gesamten Bereich der „Liebe" eine große Rolle. Dennoch ist das, was wir Liebe nennen, letztlich kein Hormon-Cocktail, es gibt kein „Liebeshormon". Wahre Liebe hat eine andere Qualität.

Die Hormone können nicht denken, sie können uns keine Regeln setzen. Sie können unsere Vorlieben für bestimmte Personen nicht lesen. Sie können die jahrelange Beeinflussung, die wir von Eltern, Geschwistern und anderen Personen erfahren haben, nicht entziffern.

Sie können allerdings die Gefühle, die wir für bestimmte Personen empfinden, verstärken. Wenn mein Verstand mir aus bestimmten Gründen Ablehnung signalisiert, wenn die Gefühle plötzlich durch Erlebnisse, die im Vorbewussten und im Unbewussten negativ besetzt sind, umschlagen, dann kommen mir die Hormone nicht zur Hilfe.

Chemie und Biologie sind wichtig, die Hormone und ihre Wirkungen sind real. Nicht zuletzt gilt das in der Pubertät. Da müssen sich alle Betroffenen, Eltern und Erzieher wie auch die Jugendlichen selber, damit abfinden, dass die Hormone den jungen Menschen auf den Kopf stellen und er oft jahrelang eine Achterbahn der Gefühle erlebt, die erst allmählich „unter Kontrolle" kommt.

Empfehlung 10:

Der Lebensstil bestimmt unser Zusammenleben

Vom Lebensstil und seiner Bedeutung für die Ehe war schon die Rede. Seine Unkenntnis beschert uns unbeantwortete Fragen, Ängste, Sorgen und Probleme. Seine Bearbeitung und seine Analyse gehören zu den wichtigsten Aufgaben des Beraters und Seelsorgers. Alle Problemhilfen, Beratungsempfehlungen und Korrekturen gehen vom Lebensstil aus. Er kennzeichnet unseren Charakter, unsere Denk- und Verhaltensmuster, unsere Angewohnheiten und Überzeugungen. Er bestimmt und beeinflusst auch unsere Art der Liebe.

Lebensstil und Charakter

Jeder Mensch ist eine einmalige Persönlichkeit und hat einen einmaligen Lebensstil, der auch die einmalige Liebe dieses Menschen charakterisiert und prägt.

Wenn wir also die Liebe als Ganzes verstehen wollen, hilft uns der Begriff des Lebensstiles weiter. Er beinhaltet, wie bereits angedeutet, das persönliche Denkschema, die charakteristische Haltung gegenüber dem Leben, die Art und Weise der Problembewältigung (mutig zupackend oder aber resignierend fliehend) und wie aus Erfahrungen gelernt wird. Er zeigt, welche Meinung der Mensch über sich selbst, über andere, über Männer und Frauen, über Gott, über das Leben und nicht zuletzt über Liebe und Sexualität hat.

Wie entsteht nun das, was wir als Lebensstil bezeichnen? Bis zum Alter von etwa fünf bis acht Jahren hat sich beim Kind das charakteristische Denk- und Reaktionsschema gebildet. Eltern, Geschwister, Großeltern und andere Erzieher geben ihm die Gelegenheit zu einer Vielzahl von Erfahrungen, die es auf seine Weise deutet. Nicht die objektiven Ereignisse sind entscheidend, sondern wie das Kind sie wahrnimmt, deutet, versteht, verarbeitet und auf sie reagiert. Es zieht Schlüsse und betrachtet die Welt aus einer bestimmten Warte. Der kleine Mensch gewinnt Überzeugungen, die – ob richtig oder falsch – sein Leben und seine Liebe bestimmen.

Aspekte des Lebensstils

Selbstverständlich kann sich dieser Lebensstil im Laufe des Lebens verändern. Damit wird der Lebensstil zum Zentrum der Persönlichkeit. Er umfasst fünf Aspekte, die jeweils der Liebe einen bestimmten Stempel aufdrücken.

1. *Wie sehe ich mich selbst?*
   Wie schätze ich mich ein?

   - Wie stark oder wie hilf- und wehrlos fühle ich mich?
   - Wie mutig oder angepasst bin ich?
   - Wie liebenswert oder nicht liebenswert bin ich?
   - Wie beeinflusst meine Selbsteinschätzung meine Liebe?

Wenn wir diese wenigen Fragen durchgehen, erfahren wir schon eine ganze Menge über unsere Lebenseinstellung und besonders über unsere Stärken und Schwächen in Bezug auf Partnerschaft und Ehe.

2. *Wie sehe ich die anderen?*
   Wie sehen die anderen mich?

   - Suche ich in mir den starken Mann oder die starke Frau?
   - Suche ich jemanden, der mich verwöhnt?
   - Suche ich Anerkennung und will im Mittelpunkt stehen?
   - Suche ich den Schwachen, um Stärke zu demonstrieren?
   - Wie lauten die Motive, die mich bewogen haben, einen Partner oder eine Partnerin zu suchen?

3. Wie fühle ich mich in der Welt?

- Fühle ich mich in der Welt wohl?
- Fühle ich mich in der Welt geborgen, gehalten und getragen?
- Fühle ich mich in der Welt bedroht und angegriffen?
- Fühle ich Misstrauen im Zusammenleben mit anderen?

Dieses Weltgefühl beeinflusst meine Partnerschaft und meine Liebesbeziehung. Es spiegelt Geborgenheit oder Ungeborgenheit, Zufriedenheit oder Unzufriedenheit, Angenommensein oder Nichtangenommensein.

4. Welche Ziele verfolge ich?

Jeder Mensch verfolgt Ziele. Die meisten Menschen haben sich ihre Ziele jedoch nicht klargemacht. Unreflektiert läuft man seinen unbewussten Zielen nach, die das Ergebnis der Auseinandersetzungen mit Eltern, Geschwistern, Großeltern, Erziehern und Freunden sind. Sie können beglücken, aber auch belasten. Sie sind das Spiegelbild meines Lebensstils, den ich mir angewöhnt habe.

Diese Ziele hängen eng mit meinem Charaktertyp zusammen:

- Bin ich ein Nehmer, der von anderen Opfer verlangt?
- Bin ich ein Forderer, der andere in Dienst stellt?
- Bin ich ein Antreiber, der zu Ehrgeiz und Aktivität anstachelt?
- Bin ich ein Strahletyp, der geliebt werden muss?
- Bin ich der Mensch, der nicht Nein sagen kann, sondern dem Partner alle Wünsche erfüllt, um nicht abgewiesen zu werden?
- Bin ich ein Rechthaber, der überall im Mittelpunkt stehen will?
- Bin ich ein Neinsager, der überall widerspricht?
- Bin ich ein Normensprenger, der überall aus der Rolle fällt?

Die Ziele können von ganz unterschiedlicher Art sein:
- Sind sie ehefreundlich oder ehefeindlich?
- Sind sie menschenfreundlich?
- Stiften sie Frieden?
- Stiften sie Freundschaft?
- Stiften sie Gemeinschaft?

5. *Mit welchen Mitteln und Verhaltensmustern verfolge ich meine Ziele?*

- Welche Empfehlungen verfolge ich, um mich in der Liebe zu behaupten?

- Welche Verhaltensmuster setze ich ein,
  um meine Ziele zu erreichen?
- Welche Methoden stehen mir zur Verfügung,
  um meine Wünsche durchzusetzen?
- Welche Selbstbehauptungsempfehlungen habe
  ich gefunden, um meine Art der Liebe in die Tat
  umzusetzen?
- Wie können die Umgangsmuster und Methoden
  lauten?
- Will ich mich und meine Überzeugungen
  durchsetzen?
- Will ich mich anpassen?
- Will ich alle Verantwortung abgeben?
- Will ich bedient werden?
- Will ich keine Fehler machen?
- Will ich, dass mir der Partner zu Füßen liegt?
- Will ich Kontrolle ausüben?
- Will ich moralisch überlegen sein?
- Will ich, dass der andere meine Wünsche errät?

Introvertierte versus extrovertierte Persönlichkeit

Werfen wir mithilfe der folgenden Tabelle einen Blick auf diese beiden Persönlichkeitstypen und stellen wir uns die Frage, wo wir uns auf der jeweiligen Merkmale-Skala einordnen würden:

selbstständig	5	4	3	2	1	0	1	2	3	4	5	unselbstständig
unabhängig	5	4	3	2	1	0	1	2	3	4	5	abhängig
sachlich	5	4	3	2	1	0	1	2	3	4	5	persönlich
unangepasst	5	4	3	2	1	0	1	2	3	4	5	angepasst
wenig Gefühl	5	4	3	2	1	0	1	2	3	4	5	viel Gefühl
Angst vor Nähe	5	4	3	2	1	0	1	2	3	4	5	Angst vor Trennung
kühl	5	4	3	2	1	0	1	2	3	4	5	warmherzig
spricht wenig	5	4	3	2	1	0	1	2	3	4	5	spricht viel
mitteilungsarm	5	4	3	2	1	0	1	2	3	4	5	mitteilungshungrig
distanziert	5	4	3	2	1	0	1	2	3	4	5	nähebedürftig
misstrauisch	5	4	3	2	1	0	1	2	3	4	5	vertrauensvoll
introvertiert	5	4	3	2	1	0	1	2	3	4	5	extrovertiert
realistisch	5	4	3	2	1	0	1	2	3	4	5	idealistisch
unsentimental	5	4	3	2	1	0	1	2	3	4	5	sentimental

Die Tabelle passt zu unserer Lebens- und Alltagserfahrung im Zusammenleben mit anderen: Uns begegnen Menschen, die stark nach innen gekehrt und eher mit sich beschäftigt sind, die eigene Wege gehen, sich distanziert geben usw. Und umgekehrt kennen wir Menschen, die das Gegenteil sind, nämlich stark nach außen gekehrt, kommunikativ, zugewandt, unterhaltsam, warmherzig und zugänglich.

Gewissenhafte versus großzügige Natur

Eine weitere Tabelle verdeutlicht den Gegensatz zwischen der gewissenhaften und der großzügigen Natur. Auch hier wieder die Frage, wo wir uns auf der jeweiligen Merkmalsskala einordnen würden.

Wieder zwei Typen, die kontrovers veranlagt sind: Die einen sind äußerst genau, müssen zwanghaft alles ordnen, handeln perfekt und sehr gewissenhaft. Der Gegentyp ist großzügig, sorglos, freiheitsliebend usw.

	5	4	3	2	1	0	1	2	3	4	5	
risikofeindlich	5	4	3	2	1	0	1	2	3	4	5	risikofreudig
konservativ	5	4	3	2	1	0	1	2	3	4	5	fortschrittlich
genau	5	4	3	2	1	0	1	2	3	4	5	tolerant

	5	4	3	2	1	0	1	2	3	4	5	
gehorsam	5	4	3	2	1	0	1	2	3	4	5	freiheitsliebend
starr	5	4	3	2	1	0	1	2	3	4	5	flexibel
penibel	5	4	3	2	1	0	1	2	3	4	5	großzügig
vorsichtig	5	4	3	2	1	0	1	2	3	4	5	wagemutig
unbeweglich	5	4	3	2	1	0	1	2	3	4	5	beeinflussbar
wahrheitsgetreu	5	4	3	2	1	0	1	2	3	4	5	übertreibend
grüblerisch	5	4	3	2	1	0	1	2	3	4	5	sorglos
beständig	5	4	3	2	1	0	1	2	3	4	5	wandlungsfähig
Satzungsmensch	5	4	3	2	1	0	1	2	3	4	5	Glücksspieler
eher langsam	5	4	3	2	1	0	1	2	3	4	5	eher schnell
sparsam	5	4	3	2	1	0	1	2	3	4	5	verschwenderisch
fantasielos	5	4	3	2	1	0	1	2	3	4	5	fantasiereich
perfekt	5	4	3	2	1	0	1	2	3	4	5	Mut zur Lücke
ausdauernd	5	4	3	2	1	0	1	2	3	4	5	nicht ausdauernd

In Bezug auf zwischenmenschliche Beziehungen – in Beruf, Ehe, Freundschaft usw. – trifft teilweise die Volksweisheit zu: „Gegensätze ziehen sich an."

Bewältigungsstile

Im Grunde gibt es drei Bewältigungsstile, um mit bitteren Emotionen fertigzuwerden, die Kinder und Jugendliche in der Erziehung erlitten haben. Die Schematherapie nennt drei solcher Stile: das Erdulden, das Vermeiden, das Kompensieren.

Wer in der „Unterwerfung" steckt, erduldet das Verhalten. Er ordnet sich den Wünschen, Forderungen und Bedürfnissen der anderen unter. Das Kind unterwirft sich den Eltern, Großeltern und Lehrern. Das ist eine Lösung, die die betroffene Person für angemessen hält. Viele erleben dieses Erdulden als ein Stück Befreiung.

Der Vermeider versucht, die Auslösung seines Schemas zu vermeiden. Er umgeht Konflikte. Er will nicht in die Unterwerfungssituation gelangen. Nicht selten leidet er unter dieser Lebenseinstellung.

Der Kompensierer verhält sich so, als sei das Gegenteil seines Schemas wahr. Er provoziert Autoritäten und rebelliert passiv-aggressiv gegen sie.

Wir fragen uns:

- Bin ich bereit, meine Muster und Lebenseinstellungen zu überprüfen?
- Bin ich bereit, gegebenenfalls meine problematischen Verhaltensmuster und Ziele zu ändern?
- Bin ich bereit, mit dem Partner konstruktiv an der Lebensstil-Problematik zu arbeiten?
- Bin ich bereit, mit dem Partner fachliche Beratung bezüglich dieser Problematik in Anspruch zu nehmen?

Empfehlung 11:

Ein gemeinsamer Lebenssinn bereichert das Zusammenleben

Sehen wir einen Sinn im Leben oder leben wir einfach drauflos?

Verfolgen wir ein Ziel im Leben oder lassen wir uns treiben?

Wissen wir uns von Gott getragen oder kommen wir uns vor wie ein sinnloses Rädchen im blinden Weltgetriebe?

Wer den Sinn im Leben gefunden hat, dem sind Glück und Zufriedenheit begegnet. Sinn und Glück – ein Geschwisterpaar.

Sinn als Leitidee des Lebens

Der Sinn ist die Leitidee des menschlichen Lebens mit seinen Höhen und Tiefen, seinen Schmerzgefühlen und Glücksmomenten.

Ein Tier dagegen lebt aufgrund seiner Instinkte und Triebgebundenheit ein gegenwartsbezogenes Leben. Es kann nicht nach dem Woher, Wozu, Wohin fragen, kann nicht darüber nachdenken, was Sinn und Glück bedeuten.

Die Frage nach dem Lebenssinn ist nicht nur eine philosophische Frage, sondern auch eine praktisch-existenzielle Frage. Denn die Antwort darauf entscheidet über Mut oder Mutlosigkeit, über Hoffnung oder Hoffnungslosigkeit, über Vertrauen oder Verzweiflung, über Dankbarkeit oder Bitterkeit.

Sinnlosigkeit und Lebensunfähigkeit

Sinnlosigkeit macht unglücklich. „Wer sein eigenes Leben und das seiner Mitmenschen als sinnlos empfindet, der ist nicht nur unglücklich, sondern auch kaum lebensfähig", stellte Albert Einstein fest.

Warum will der Selbstmörder sich umbringen? Für ihn ist das Leben leer und sinnlos geworden. Er hat keine Hoffnung, keine Perspektive, keine Zukunft. Das Leben im Hier und Jetzt wird für ihn unerträglich.

Ein Sinn im Leben schafft einen enormen Überlebenswillen. Das wurde in Konzentrationslagern, in Gefängnissen, in Bombennächten und in der Kriegsgefangenschaft deutlich. Berufliche Pleiten, Nackenschläge und Misserfolge werden leichter überwunden, wenn wir wissen, wofür wir leben. Sinnlosigkeitsgefühle, Leere und Entmutigung zerstören den Lebenswillen, untergraben die Gesundheit und verhindern das Glück.

Lebens- und Sinnhindernisse

Wie kommt es, dass so viele Menschen am Sinn des Lebens verzweifeln? Was ist der Grund für die Verzweiflung? Was ist der Grund für Unglücklichsein und Resignation?

Eine Antwort lautet: Diese Menschen drehen sich um sich selbst. Sie sind Egoisten, Egozentriker. Ihr dickes Ich soll im Mittelpunkt stehen. Sie sehen nur sich, hören nur ihre eigenen Probleme, fühlen ihren eigenen Puls und ersticken an sich selbst. Sie sind mit sich beschäftigt, mit ihrer Krankheit, mit ihrem mangelnden Lebensglück. Das fördert die Langeweile, die Sinnlosigkeit und die Verzweiflung.

Langeweile und Lebensfreude sind ein Widerspruch in sich. Langeweile macht unglücklich. Sie bedeutet lebensbedrohlichen Stress. Nicht umsonst spricht man auch von „tödlicher Langeweile". Sie ist das Gegenteil von Sinnerfüllung, von Hoffnung und von Seelenstärke. Sie wirkt zerstörerisch und lähmend.

Durch Zerstreuung versucht man sie zu bekämpfen und zu betäuben. Zerstreuung aber ist das Gegenteil von Sammlung und daher keine Lösung.

Wie lassen sich Sinn und Glück im Leben finden?

Was können wir tun, um dem Leben Sinn zu geben? Was können wir vorbeugend gegen Sinnlosigkeit und Hoffnungslosigkeit unternehmen?

Denkanstoß 1: Wer liebt, hat einen Sinn im Leben

Wer liebt, wird gebraucht, schenkt Hoffnung, beglückt jemand anders. Wer liebt, tut sich selbst etwas Gutes, erlebt Gemeinschaft und Glück. Zufriedenheit ist Schenken und Beschenktwerden, Geben und Nehmen, Teilen und Empfangen.

Wer dagegen Selbstverwirklichung und Selbsterfüllung anstrebt, dem entgeht all das und er endet in der Sackgasse. Leider ist das heute besonders unter jungen Menschen eine weitverbreitete Lebensweise.

Viktor E. Frankl, der Begründer der Logotherapie, betonte, dass das Hauptmotiv des menschlichen Strebens der Wille zum Sinn sei. Das Streben nach Selbstverwirklichung bezeichnete er als eine Perversion der Sinnerfüllung. Der Mensch sei nicht dazu da, um sich selbst zu verwirklichen. Nur in dem Maße, in dem der Mensch sich preisgebe an die Welt und an ihre Aufgaben und Forderungen, würden wir unsere Sinnbestimmung finden.

Also: an Menschen sich hingeben, an Aufgaben sich verschwenden, Forderungen, die das Leben an uns stellt, aufgreifen, statt sich um sich selbst zu drehen und damit den Sinn des Lebens zu verfehlen. So wie wir früher einander ins Poesiealbum schrieben: „Willst du glücklich sein im Leben, trage bei zu andrer Glück, denn die Freude, die wir geben, kehrt ins eigene Herz zurück." Eine fundamentale Lebensregel, eine erfahrene Freudenformel.

Der Sinn des Lebens ist Freude. Christus, der Heiland unseres Lebens, ist ein Freudenbringer. Er schenkt Liebe, die uns umwandelt. Er schenkt Freude, die Kopf, Herz und alle Sinne erfasst.

Denkanstoß 2:
Wer dankbar lebt, begegnet der Freude

Unsere Lebenseinstellung entscheidet mit über Sinn und Glück. Unsere Gedanken haben Einfluss auf unser Lebensgefühl. In Hirn und Herz werden die Gleise gelegt für ein erfülltes Leben. Und erfüllte Menschen gehen froh und gelassen durchs Leben.

In diese Richtung ging schon die Kernüberzeugung von Mark Aurel, dem Philosophen auf dem römischen Kaiserthron, der vor bald 2000 Jahren lebte und regierte und in seiner Schrift „Selbstbetrachtungen" über die rechte Art zu leben sinniert.

Es ist leicht nachvollziehbar: Negative Gedanken rufen Negatives hervor, resignative Gedanken produzieren Resignation, pessimistische Gedanken drücken das Lebensgefühl auf den Nullpunkt, ängstliche Gedanken hemmen die Lebensfreude, hoffnungslose Gedanken beschneiden den Lebensmut.

Doch wenn wir uns Christus hingeben, gestaltet seine Liebe unser Leben um. Gedanken der Liebe machen hoffnungsfroh und glücklich, Gedanken der Freude verbreiten eine fröhliche Grundstimmung, Gedanken der Zuversicht fördern Mut und Entschlossenheit, Gedanken des Vertrauens vertreiben Angst und Zweifel.

Was unterscheidet die Glücklichen von Unglückswürmern, die mit gequälter Miene die schönen Seiten des Lebens verpassen? Der Glückliche, der dem Herrn aller Herren vertraut, besitzt die gedankliche Kraft, sich über das zu freuen, was gut war und ist, und sich zu freuen auf das, was gut sein wird. Gegenwart und Zukunft werden als schön und positiv erlebt bzw. erwartet.

Denkanstoß 3: Wir suchen nach Vorbildern

Wir suchen nach Helden, die das Leben meistern, nach Praktikern, die gekonnt den Alltag anpacken, nach Menschen, die dem Leben Profil geben.

Und wir finden Vorbilder in der Bibel, die sinnvoll, sinnhaft, sinnstiftend und nicht zuletzt sinnenfroh gelebt haben.

Jeder Mensch ist vor Gott wertvoll und einmalig und sein Ebenbild. Aber wir sind nicht mehr im Paradies. Das Leben drückt uns vielfach nieder.

Christus spricht: „Kommt her zu mir, alle, die ihr mühselig und beladen seid; ich will euch erquicken" (Matthäus 11,28). In der modernen Übersetzung „Hoffnung für alle" heißt es hier: „… Ich will euch Ruhe geben!"

Wie viele Menschen sehnen sich nach Erleichterung ihrer Last, nach Erfrischung und nach innerem Frieden!

Empfehlung 12:

**Mann und Frau bemühen sich
um eine erfüllte Sexualität**

Die Liebe des Menschen äußert sich auf vielerlei Weise. Ihr verführerischster Bereich ist die Sexualität.

Mit der Sexualität hat Gott keine Fehlplanung initiiert. Sein erster Auftrag an die Menschen lautete (1. Mose 1,27.28.31): „Und Gott schuf den Menschen zu seinem Bilde, zum Bilde Gottes schuf er ihn; und schuf sie als Mann und Frau. Und Gott segnete sie und sprach zu ihnen: Seid fruchtbar und mehret euch und füllet die Erde (…). Und Gott sah an alles, was er gemacht hatte, und siehe, es war sehr gut."

Nicht nur für gut hielt er sein Werk, sondern für „sehr gut". (Wir alle wissen aus der Schulzeit, was die Note „sehr gut" meint!)

Wir denken auch an das Hohelied in der Bibel. Die Erotik wird in bildhafter Sprache geschildert. Zwei Herzen, zwei Gefühle, zwei Körper und Seelen ziehen sich an.

Die Realisierung der sexuellen Beziehung gehört zur Ehe, die Gott geschaffen hat. Wer dies ablehnt oder unnötig einschränkt, stellt sich gegen das biblische Zeugnis.

Sexualität ist etwas Ganzheitliches

Die Vorstellung, die viele von „körperlich-sexuellem Kontakt" haben, ist fragwürdig, weil er lediglich die sexuelle Komponente anspricht. Gefühle, Zärtlichkeit, Hingabe und das Einswerden bleiben unausgesprochen. Je mehr Übereinstimmung zwischen den Partnern herrscht, desto erfüllender ist der Liebesakt.

Die Sexualität ist kein isolierter Trieb; die gesamte Persönlichkeit nimmt Einfluss auf sexuelle Wünsche, auf die Art der Befriedigung, auf die Bewertung der Lust. Die Sexualität spiegelt meinen Lebensstil wider, ist Ausdruck meiner Persönlichkeit.

Das wichtigste Sexualorgan ist das Gehirn. Das Gehirn ist die Zentrale, die sinnliche Reize aufnimmt und weiterleitet. Von daher ist die Sexualität in erster Linie eine Sache des Kopfes, des Herzens und der Einstellung zum Partner.

Wer den Liebesakt in der Ehe abwertet, tabuisiert, totschweigt, blendet einen entscheidenden Lebensbereich aus, den unser Herr geschaffen und gewollt hat.

Zufriedenstellende, harmonische sexuelle Kontakte sind der Ausdruck einer guten Gemeinschaft der Eheleute. Sie beinhalten nichts Falsches und nichts Schmutziges. Und sie sind auch nicht nur zur Fortpflanzung gedacht. Der eheliche Liebesakt soll beiden Partnern Freude bringen. Sie verstehen sich, ergänzen sich, lieben sich, beglücken sich.

Hindernisse, Stolpersteine, Fallstricke

Gottgewollte und biblisch orientierte Sexualität ist mit Hindernissen verbunden. Schon im Alten Testament gab es Pannen und Pleiten:

- Abraham, der seine eigene Frau dem Pharao und später einem kanaanäischen Herrscher überließ;
- Jakob, der sich durch Erbschleicherei einen Platz in der Ahnenreihe Jesu verschaffte;
- Juda, Jakobs Sohn, der seine als Prostituierte verkleidete Schwiegertochter schwängerte.

Im Neuen Testament bezieht Paulus klar Stellung zur Sexualität in der Ehe: „Die Frau verfügt nicht über ihren Leib, sondern der Mann. Ebenso verfügt der Mann nicht über seinen Leib, sondern die Frau. Entziehe sich nicht eins dem andern, es sei denn eine Zeit lang, wenn beide es wollen, dass ihr zum Beten Ruhe habt" (1. Korinther 7,4.5).

Das ist ein geradezu revolutionäres Wort, das der Apostel hier formuliert. Es unterstreicht die Gleichwertigkeit beider Partner. Beide haben ein Recht darauf, sexuell zur Erfüllung zu kommen. Beide stimmen sich ab, beide dürfen ihre Wünsche äußern. Beide gehören zusammen und sind füreinander da.

Die Sexualität beinhaltet aber immer auch ein triebhaftes Begehren, das in Gefahr steht, sich egoistisch zu verselbstständigen und die Grenzen der Ehe zu überschreiten, statt sich in ihrem Rahmen auszuleben und zu entfalten. Ohne Rücksicht auf Verluste wird dann dem Trieb nachgegeben, gerne mit Selbstentschuldigungen („Ohne Sex halte ich es nicht aus!"). Im Sinne der Bibel ist das Sünde, eine klare Zielverfehlung.

Der Kirchenvater Augustinus (354- 430) berichtet in seinen „Bekenntnissen", dass er nach seiner Bekehrung seine Sexualität nicht mehr als ungetrübte Quelle von Lebensbejahung und Lebenslust empfand; er fühlte sich vielmehr tief gedemütigt dadurch, dass sein Körper von der Macht des geschlechtlichen Begehrens beherrscht wurde, die sich seinem Willen entgegenstellte.

Immer wieder sprechen Partner in der Eheberatung Probleme an, die mit dem Wie des Geschlechtsverkehrs zu tun haben. Da ist von Perversionen die Rede und von einem schlechten Gewissen. Gott sei Dank gibt es in der Bibel keine konkreten Hinweise, wie der eheliche Verkehr stattzufinden hat. Gott hat uns Fantasie und Kreativität geschenkt. Die Regel lautet: Alles ist erlaubt, wenn es aus Liebe geschieht und der Partner einverstanden ist. Wer den Partner zu irgendetwas zwingt, handelt lieblos und ehefeindlich.

Die Selbstbefriedigung oder Masturbation spielt in der Vorpubertät und im Jugendalter, aber gegebenenfalls auch in der Ehe eine Rolle. Über Selbstbefriedigung vor der Ehe kann man theologisch unter Umständen verschiedener Meinung sein. In der Ehe hat sie keinen Platz. Dort sind beide Partner für die gegenseitige sexuelle Beglückung zuständig. Man kann sagen: Jedes Handeln in der Ehe, das nur den eigenen Vorteil und die eigene Befriedigung sucht, ist Schuld an Menschen und vor Gott.

Konkrete Probleme

Weil wir Menschen ein Ganzes sind, können Probleme in einem Bereich des Lebens bzw. der Person durchaus auch andere Bereiche in Mitleidenschaft ziehen. Von daher ist es nicht überraschend, dass etwa gesundheitliche, seelische, berufliche Nöte ein Hindernis für eine erfüllende Sexualität darstellen können: Konflikte jeder Art bei sensiblen Menschen, Krebserkrankungen, Diabetes, ein Herzinfarkt usw. können das Sexualleben beeinträchtigen und einschränken.

Abschließend – auch zur Anfrage an uns selber – eine Zusammenstellung von konkreten Problemen und Störungen ohne Anspruch auf Vollständigkeit:

- Furcht vor Schwangerschaft
- Furcht, nach der sexuellen Hingabe vernachlässigt zu werden
- Zorn auf den Partner, der sich ständig unpartnerschaftlich verhält
- Ekel, weil der Partner bestimmte sexuelle Wünsche befriedigt haben will
- Sorgen, die die Liebesgefühle beeinträchtigen
- Schuld, weil einer der Partner fremdgeht
- Eifersucht, die dem Partner misstraut
- Müdigkeit als Folge von Überforderung und Überbelastung
- Homosexualität, das auf das eigene Geschlecht gerichtete Begehren
- Masochismus, der vom Partner nicht befriedigt werden kann
- Sadismus, der vom Partner nicht ertragen werden kann
- Fetischismus, der nur einen Teil des Partners liebt

- Exhibitionismus, der nur zum Orgasmus kommt, indem er sich vor anderen entblößt
- Minderwertigkeitsgefühle gegenüber dem Partner
- Organminderwertigkeiten, wirkliche oder eingebildete, die die Hingabefähigkeit untergraben
- Beziehungsstörungen, die sexuelle Gefühle abtöten
- Misstrauen, das die innere Hingabe verhindert
- Vergewaltigung als Trauma

Empfehlung 13:

Wir wollen fair streiten

Der Streit gehört zum Leben. Wenn wir mit Menschen zusammen sind, in Familie, Ehe, Arbeitswelt, Nachbarschaft, Gemeinde usw., gibt es auch Streit – gemäß unserem Lebensstil in je unterschiedlicher Ausprägung. Ein Anlass dazu findet sich immer.

Streittypen

Nicht jeder streitet auf die gleiche Weise.

Der eine ist es gewohnt, deutlich und unmissverständlich seine Probleme zu äußern, er kann mitunter auch rechthaberisch und anmaßend seine Position vertreten.

Der andere ist eher ein freundlicher, kommunikativer und friedvoller Mensch. Er liebt Gespräche und den Gedankenaustausch. Er sucht Nähe und Gemeinschaft, will dazugehören. Folgerichtig lehnt er kämpferische Auseinandersetzungen ab. Das Teilen mit den anderen ist sein Ziel.

Der Dritte ärgert sich leicht, wenn er den Eindruck hat, dass jemand etwas falsch sieht und bewertet, egal in welchem Lebensbereich. In seinen Augen ist dieser andere dann betriebsblind, naiv, dumm, unwissend und viel zu unkritisch eingestellt. So fühlt er sich berufen, ohne Rücksicht auf Verluste gradlinig, wahr und exakt die Wahrheit zu vertreten.

Der Vierte ist es gewohnt, stets zu kritisieren. Er nimmt alles in seinem Leben und im Leben der anderen unter die Lupe. So hat er es in seiner eigenen Erziehung gelernt: sich nicht überfahren zu lassen, nichts ungeprüft hinzunehmen, mit Lügen und falschen Informationen zu rechnen und damit, dass man belogen und betrogen wird. Nähe, Liebe und Gemeinschaft sind nicht seine primären Ziele.

Worum es beim Streit (nicht) gehen soll

Es geht nicht um Rechthaberei

Es geht im ehelichen Zusammenleben nicht um Rechthaberei, nicht um männliche oder weibliche Vorrechte, nicht um den Ehrgeiz zu gewinnen.

Wer herrschen will, untergräbt die Gleichwertigkeit. Unterdrückung löst keine Probleme, sondern verstärkt sie. Friedlosigkeit zerstört die Übereinstimmung und schließlich die Liebe. Am Ende steht die Trennung.

Es geht nicht um einen defensiven Rückzug

Wer seine Bedürfnisse und Wünsche zurückstellt, um nicht anzuecken und weil man um jeden Preis

Ruhe und Frieden bewahren möchte, der belastet auf Dauer seine Seele. Wer einer notwendigen Auseinandersetzung aus dem Wege geht, schafft Unklarheit, verhindert Klärung. Die Probleme schwelen weiter, echter Friede fehlt.

Marie von Ebner-Eschenbach hat es so formuliert: „Nicht jene, die streiten, sind zu fürchten, sondern jene, die ausweichen."

Zur nötigen Klärung kann auch Vergebung gehören. Allerdings bedeutet das nicht, seine Selbstachtung aufzugeben und klein beizugeben. Vergeben kann nur, wer eine ausreichende Ich-Stärke besitzt. Vergebung lebt von der Kraftquelle aus, in und durch Gott.

Es geht um tragfähige Kompromisse

Es geht darum, zu einer ehrlichen, echten Verständigung und Einigung zu gelangen. Beide Streitparteien finden eine Lösung, einen Weg, der komplikationslos für beide gangbar ist und sie im Wortsinn „zufriedenstellt", denn der Friede ist wiederhergestellt. Niemand trägt nach, niemand hegt Groll oder Rachegelüste.

Hilfen zum konstruktiven Streiten

Maßnahme 1: Den Streit bejahen

Streit entsteht meist aus Meinungsverschiedenheiten, unterschiedlichem Denken und Empfinden, unterschiedlichen Bedürfnissen. Diese müssen ausgehalten und gegebenenfalls ausgefochten werden.

Die Wahrheit muss ans Licht. Wer Ja sagt zum Streit, hält sein Gegenüber für wahrheitsfähig. Eine streitlose Beziehung ist fragwürdig. Falsche Nachgiebigkeit und Harmoniesucht verhindern die Auseinandersetzung.

Maßnahme 2: Den Streit nicht vor sich herschieben

Wer Probleme und Konflikte auf die lange Bank schiebt, verstärkt die Schwierigkeiten. In Kopf und Herz brodelt es. Der Unfriede lähmt. Es entsteht bestenfalls ein Friedhofsfriede. Wer verdrängt, verstärkt unter Umständen psychosomatische Störungen.

Jesus macht eine klare Ansage: „Wenn du deine Gabe auf dem Altar opferst und dort kommt dir in den Sinn, dass dein Bruder etwas gegen dich hat, so lass dort vor dem Altar deine Gabe und geh zuerst hin und versöhne dich mit deinem Bruder, und dann komm und opfere deine Gabe" (Matthäus 5,23.24).

Hier wird deutlich, wie viel Jesus daran liegt, dass Missverständnisse und Konfliktherde im Zusammenleben behoben werden. Friede mit Gott und Friede mit dem Nächsten und vor allem mit dem Partner hängen eng zusammen.

Maßnahme 3:
Das Verstehen des Streites erleichtert die Lösung

Konflikte kommen in allen menschlichen Beziehungen vor. Das Verstehen des Streites ist der erste Schritt zu seiner Bewältigung. Es ist zu fragen: Was ist der eigentliche Grund des Streites? Welche Bedingungen halten ihn aufrecht? Welche Motive fördern ihn – Neid, Eifersucht, Unterlegenheitsgefühle, Wut, Rechthaberei usw.?

Im Neuen Testament findet sich hierzu ein ernstes Wort (Jakobus 4,1- 3): „Woher kommt Streit, woher Krieg unter euch? Kommt's nicht daher: aus euren Gelüsten, die da streiten in euren Gliedern? Ihr seid begierig und erlangt's nicht; ihr mordet und neidet und gewinnt nichts; ihr streitet und kämpft; ihr habt nichts, weil ihr nicht bittet; ihr bittet und empfangt's nicht, weil ihr in übler Absicht bittet, nämlich damit ihr's für eure Gelüste vergeuden könnt."

Maßnahme 4:
Bejahen, dass zum Streiten zwei gehören

Zum Streiten, zum Ärgern und zum Kämpfen gehören immer zwei. Der eine provoziert, der andere lässt sich provozieren. Der eine will recht behalten, der andere will nicht nachgeben. Der eine will ausweichen, der andere will den „Flüchtling" stellen.

Wie sehen unsere Streitmuster aus?

Maßnahme 5: Sich infrage stellen

Der große Psychologe Alfred Adler pflegte seinen Zuhörern einzuhämmern: „Alles kann auch ganz anders sein."

Irren ist menschlich. Es gehört zur Begrenztheit unserer Natur, dass wir weder allwissend noch unfehlbar sind. Wer sich infrage stellen kann, stellt auch seine „Vor-Urteile" infrage und ist für die Argumente des Partners aufgeschlossen.

Die Bibel stellt klar: Die Arbeit an der Lösung von Problemen beginnt bei mir und nicht beim anderen. Entsprechend warnt Jesus in der Bergpredigt (Matthäus 7,1- 5): „Richtet nicht, damit ihr nicht gerichtet werdet. Denn wie ihr richtet, werdet ihr gerichtet werden; und mit welchem Maß ihr messt, wird euch zugemessen werden. Was siehst du aber den Splitter in deines Bruders Auge und nimmst nicht wahr den Balken in deinem Auge? Oder wie kannst du sagen zu deinem Bruder: Halt, ich will dir den Splitter aus deinem Auge ziehen! – und siehe, ein Balken ist in deinem Auge? Du Heuchler, zieh zuerst den Balken aus deinem Auge; danach kannst du sehen und den Splitter aus deines Bruders Auge ziehen."

Maßnahme 6:
Die Wahrheit nicht in Harmoniesucht ersticken

Die Wahrheit muss ans Licht. Sie spielt im christlichen Glauben eine Hauptrolle. Die Wahrheit kann wehtun, aber erschlagen sollte man niemanden damit.

Wer aber Harmonie um jeden Preis erreichen will, tötet die Wahrheit und die Liebe. Diese Harmoniesucht ist höchst problematisch. Sie klingt christlich, ist es aber nicht. Der Harmoniesüchtige weicht einer notwendigen Klärung aus. Er stellt sich nicht. Er denkt und handelt unehrlich und damit letztlich auch lieblos.

Maßnahme 7:
Gegensätzliche Standpunkte stehen lassen

Bei Auseinandersetzungen prallen gegensätzliche Standpunkte aufeinander.

Doch unterschiedliche Meinungen müssen keinen Krieg zur Folge haben. Wir lassen sie stehen. Wir nehmen uns ernst. Wir respektieren unsere Standpunkte und damit unseren Lebensstil. Die Liebe muss darunter nicht leiden.

Maßnahme 8: Streiten verbindet

Das leuchtet auf den ersten Blick nicht ein. Doch Tatsache ist: Viele Menschen streiten, weil sie Kontakt suchen, weil sie andere herausfordern wollen, weil sie gehört werden wollen. Männer erleben in ihrer Ehe diese Herausforderung oft als unangenehmen Streit.

Jesus rät (Matthäus 7,12): „Alles nun, was ihr wollt, dass euch die Leute tun sollen, das tut ihr ihnen auch! Das ist das Gesetz und die Propheten."

Diese „goldene Regel" der Kommunikation garantiert faires Streiten. Gegensätze werden klar formuliert, aber Aggressionen vermieden. In der Tat: Streiten verbindet, wenn wir den Streit als liebevolle Herausforderung ernst nehmen.

Maßnahme 9: Einfühlen und mitfühlen

Für diese beiden Arten des Fühlens sind uns auch zwei aus dem Griechischen stammende Begriffe geläufig: Empathie (Einfühlungsvermögen) und Sympathie (Mitgefühl). Auch wenn sie nicht dasselbe bezeichnen, hängen sie doch eng zusammen.

Empathie ist ein nützliches Rüstzeug im menschlichen Miteinander und nötig, um überhaupt in Wechselbeziehung mit anderen Menschen treten zu können. Wir müssen nachvollziehen können, wie das Gegenüber „tickt". Wer sich nicht in Menschen einfühlen kann, steht „draußen".

Sympathie geht noch einen Schritt weiter: Ich solidarisiere mich innerlich mit dem anderen zu einem positiven Miteinander.

Maßnahme 10: Die eigenen Motive prüfen

Dieser Gedanke wurde schon angesprochen.
Wir fragen uns:

- Was treibt mich um?
- Was will ich erreichen?
- Was belastet mich?
- Was ist für mich ungeklärt?
- Habe ich ungerechtfertigte oder sachgerechte Motive?
- Will ich diese Motive leben?

Je klarer und ruhiger ich meine Beweggründe formulieren kann, desto eher ist in der Regel der andere bereit, mir zuzuhören.

Biblisch gilt: „Der Mensch hält sein Handeln für richtig, aber der Herr prüft seine Beweggründe" (Sprüche 16,2).

Maßnahme 11:
Ich-Botschaften statt Du-Botschaften senden

Du-Botschaften beinhalten Vorwürfe, ob berechtigt oder unberechtigt: „Du fängst schon wieder an! Das lernst du nie! Du liebst mich nicht!"

Wie anders klingen dagegen Ich-Botschaften: „Wir geraten schon wieder aneinander! Wir beide werden es lernen müssen! Ich habe das Gefühl, ich werde nicht geliebt!"

Du-Botschaften beschämen, kränken, beleidigen, verletzen, klagen an, sprechen schuldig. Der andere geht in Abwehrhaltung oder auf Konfrontationskurs. Schlechte Voraussetzungen für eine Einigung.

Ich-Botschaften greifen den anderen nicht an, sondern mildern ab und verringern den Widerstand, indem sie den Fokus auf das Problem und nicht auf den (angeblichen) Problemverursacher richten. Das motiviert, gemeinsam nach einer Lösung zu suchen.

Empfehlung 14:

Selbstliebe, Selbstannahme und Nächstenliebe

Im Zusammenleben spielen Selbstliebe bzw. Selbstannahme einerseits und Nächstenliebe andererseits eine große Rolle. Im Miteinander müssen beide Gesichtspunkte beachtet werden.

Es ist offensichtlich, dass der Mensch ein soziales Wesen ist und Beziehungen zu seinen Mitmenschen braucht. Ohne Kommunikation verkümmert er und in völliger Kontaktlosigkeit wird er krank. Die Bibel stellt bereits ganz am Anfang unmissverständlich fest (1. Mose 2,18): „Es ist nicht gut, dass der Mensch allein sei."

Warum aber gestaltet sich das menschliche Miteinander so schwierig, weshalb ist das gegenseitige Verstehen so schwer? Oder wie es Paul Watzlawick zugespitzt formuliert hat: „Der Normalfall der Kommunikation ist das Missverständnis."

Zwei Menschen, die sich wahrnehmen, kommunizieren miteinander, und zwar mit Worten und ohne Worte. Und weil es auf der Welt keine zwei Menschen gibt, die völlig übereinstimmen, gibt es Missverständnisse. Nur etwa zehn Prozent aller Kommunikation verlaufen auf der sachlichen Ebene, der

Rest spielt sich auf der Gefühlsebene ab. Was einer sagt, wird oft nicht gehört. Was nicht gehört wird, wird auch nicht verstanden. Und was verstanden wird, damit muss der andere noch nicht einverstanden sein. Darum gibt es so viel Streit, so viel Auseinandersetzungen und nicht zuletzt auch so viel Ehescheidungen.

Was können beide Partner dagegen tun?

Das Wir muss im Mittelpunkt stehen

Die Ehe sollte ein Duett verkörpern und kein Duell. Im Zwischenmenschlichen hat nicht das Ich im Mittelpunkt zu stehen, sondern das Wir. Es geht nicht um Egoismus, sondern um Altruismus, nicht um Selbstliebe, sondern um Nächstenliebe. Die „Wir-Sprache" zeigt, ob wir füreinander und miteinander denken, fühlen und planen, denn die Wir-Wörter beziehen den anderen mit ein.

Leider leben wir in einer wachsenden Single-Gesellschaft, was sich besonders in den großen Städten mit ihren zahlreichen Einpersonenhaushalten manifestiert. Hintergrund für diesen Trend sind eine zunehmende Bindungsunfähigkeit und die Angst vor zu großer zwischenmenschlicher Nähe.

Beide Partner müssen ihre
Ergänzungsmuster kennen

Die meisten Ehepaare spiegeln ein Schlüssel-Schloss-Verhältnis wider. Sie ergänzen sich wie Topf und Deckel. Diese Art der Ergänzung beinhaltet Bereicherung und Konflikt zugleich.

Was sind Ergänzungsmuster?

- Der eine dominiert, der andere passt sich an.
- Der eine führt, der andere lässt sich führen.
- Der eine kann schnell entscheiden, dem anderen fällt es schwer.
- Der eine liebt in erster Linie sich selbst, der andere will geliebt werden.

Selbstliebe und Nächstenliebe
gehören zusammen

Das gilt es festzuhalten: Nächstenliebe und Selbstliebe gehören fest zusammen. In der Bibel wird beides in einem Atemzug genannt. Das alttestamentliche Gebot (3. Mose 19,18) „Du sollst deinen Nächsten lieben wie dich selbst" wird im Neuen Testament wörtlich aufgenommen (Matthäus 22,39).

Viele Christen haben Schwierigkeiten mit der Selbstliebe und -bejahung, mit der Annahme der eigenen Person und einem gesunden Selbstbild. Wir können den anderen aber nur voll bejahen und lieben, wenn wir uns selbst voll bejahen und lieben.

Wenn ich mich von Christus geliebt und angenommen weiß und seine Vergebung empfangen habe, gibt es keinen Grund zur Selbstverachtung. Die Wertschätzung, die mir Gott unverdient entgegenbringt, macht mich stark und frei und befähigt mich, dem Mitmenschen gegenüber offen und voller Liebe zu sein.

Kennzeichen einer gesunden Selbstannahme

Drei Empfindungen sind für eine gesunde Selbstannahme notwendig: Zugehörigkeitsgefühl, Wertschätzung und Kompetenzvertrauen.

Zugehörigkeitsgefühl

Ich fühle mich angenommen, ich gehöre dazu. Ich gehöre zuallererst dem lebendigen Gott, bin sein Eigentum. Er kümmert sich um mich. Er lässt mich nicht im Stich.

Wertschätzung

Ich kann mich selbst ertragen. Die anderen ertragen mich. Wenn Gott mich liebt, wenn ich in seinen Augen wertvoll bin, dann darf ich es auch in meinen sein.

Ich kann etwas. Gott hat mich mit Gaben gesegnet. Ich kann erfolgreich dem Leben begegnen. Ich habe Lebensmut, den mir Gott geschenkt hat. Deshalb habe ich Vertrauen in die eigenen Fähigkeiten und darauf, den Anforderungen des Lebens gewachsen zu sein.

Wie kann Ablehnung der Selbstliebe entstehen?

In der christlichen Verkündigung und in der Seelsorge hat es in der Vergangenheit viele Schwierigkeiten mit diesem Gedanken gegeben. Argumentiert wurde: „Wie kann ein Christ selbstbewusst sein, wenn er sich als Sünder vor Gott bekennt? Selbstbewusstsein ist Hochmut. Wir sind von Gott Geliebte und können daher nicht von Selbstliebe reden. Selbstliebe ist Egoismus und Selbstsucht." So und ähnlich klang es vielfach.

Selbstliebe ist jedoch nicht mit Selbstverliebtheit zu verwechseln. Wem Liebe geschenkt wurde, der wird fähig zu lieben und muss sich nicht ständig um sich selbst drehen. Ohne das entlastende und beflügelnde Wissen, geliebt zu sein, besteht dagegen die Gefahr einer ersatzweise übersteigerten Selbstliebe, der Eitelkeit, des Narzissmus.

Wie kommen Selbstwertstörungen zustande?

Wie kommt es, dass viele ernste Christen an Selbstwertstörungen leiden, an Selbstmitleid, Minderwertigkeitskomplexen, Selbstablehnung?

Der Ursprung liegt in einer fehlgeleiteten Erziehung und Prägung, gegebenenfalls verstärkt durch eine einseitige Theologie. Kinder, die von ihren Eltern und Großeltern geliebt und wertgeschätzt werden, entwickeln und spiegeln ein gesundes Selbstbewusstsein wider. Wenn Kinder sich jedoch abgelehnt, zurückgestellt, geringgeschätzt fühlen, wird sich schwerlich eine gesunde Selbstannahme ausbilden können, im Gegenteil. Auch wenn sie dann zum Glauben an Christus kommen, sind solche tief verwurzelten Selbstwertstörungen nicht automatisch behoben.

Selbstannahme statt Selbstmitleid

Selbstmitleid ist das Gegenteil von Selbstliebe. Wer Mitleid mit sich empfindet, mag sich nicht, liebt sich nicht, leidet unter sich. Wie Bitterkeit und Neid ist es ein destruktives Einstellungsmuster und beschert uns negativen Stress. Die selbstmitleidige Person sieht sich als Aschenputtel, als Sündenbock, als schwarzes Schaf, als Opfer.

Überehrgeizige Eltern können Selbstmitleid fördern, wenn ihre Erwartungen weit über den tatsächlichen Fähigkeiten des Kindes liegen, das diese Erwartungen dann nicht erfüllen kann – mit negativen Folgen für sein Selbstwertgefühl.

Im Psalm 139 drückt David in einem Gebet wunderbar aus, wie unser Selbstbewusstsein gestärkt werden kann: „Von allen Seiten umgibst du mich und hältst deine Hand über mir."

Wenn ich weiß, der ewige, allmächtige Gott umgibt mich von allen Seiten, dann muss ich einen unschätzbaren Wert in seinen Augen besitzen! Ich weiß dann: „Ich bin in seiner Hand. Ich werde gehalten und getragen. Sein Schutz und seine Begleitung sind mir sicher. So, wie ich bin, bin ich gut genug. In Gottes Augen reiche ich aus." Selbstvertrauen ist ein Geschenk unseres Gottes. Niemand muss mehr an sich selbst zweifeln.

Welchen Rat gibt uns der Apostel Paulus in diesem Zusammenhang? „Stellt euch nicht dieser Welt gleich, sondern ändert euch durch Erneuerung eures Sinnes, auf dass ihr prüfen könnt, was Gottes Wille ist, nämlich das Gute und Wohlgefällige und Vollkommene" (Römer 12,2). Wer nur auf sich schaut, bleibt im Negativen. Wer auf Gott schaut, gewinnt neue Perspektiven.

Ebenfalls hilfreich ist der Blick auf den Mitmenschen. Alfred Adler sagte einmal einem Depressiven, der ein starkes Selbstmitleid pflegte: „Möchten Sie, dass ich Sie in einem Zeitraum von 14 Tagen heile?" Der Patient bejahte. „Dann kümmern Sie sich in erster Linie um andere!", bekam er von Adler als Antwort.

Genau darum geht es. Meine Blickrichtung wird eine andere. Mein negatives Selbstbild ändert sich. Der andere ist dankbar für meine Liebe, für meine Fürsorge, für meine Hilfe. Ich erlebe und erfahre Dankbarkeit. Sie stimmt mich um. Kümmere ich mich um andere, komme ich aus dem Selbstmitleid heraus.

Wenn Gott mein Leben bestimmt, wenn ich mich von ihm gehalten und getragen weiß, sehe ich stärker von mir weg, bin ich nicht nur mit mir beschäftigt. Mein Nächster rückt ins Blickfeld.

„Du bist nur so viel wert wie deine Leistung!"

Abschließend noch ein paar Bemerkungen zu diesem von vielen bewusst oder unbewusst verinnerlichten Satz, der uns allen bekannt ist.

Er beinhaltet eine handfeste Lüge, auch wenn unserer Leistungsgesellschaft auf ihm aufbaut. Geld, Ansehen und übertriebener Selbstwert entsprechen dem Zeitgeist. Wer nichts mehr leisten kann – weil er alt, krank, depressiv oder arbeitslos ist – , fühlt sich leicht nutzlos.

Wie anders die Botschaft des Evangeliums! Wir haben unseren Wert von Gott her, leben aus ihm. Er ist unsere Kraft, er bestimmt unsere Leistungsgrenze, er setzt die Maßstäbe. Alles falsche Leistungsdenken muss hier ein Ende haben.

Wir sind in seiner Hand, er gestaltet unser Leben. Wer alles in die eigenen Hände nehmen will, scheitert am Ende. Die totale Selbstüberforderung ist teuflisch. Wir zerstören uns selbst.

Für uns Glaubende gilt: Ohne eigennütziges Erfolgsstreben dienen wir dem ewigen Gott. Wir dienen ihm als Erlöste, als Begnadigte, als Befreite, als Geliebte, als Beschenkte. Er sieht unsere Grenzen und wir erkennen sie an.

Weil Christus uns bejaht, dürfen wir uns selbst bejahen; weil Christus uns angenommen hat, dürfen wir uns selbst annehmen; weil Christus uns liebt, dürfen wir uns selbst lieben; weil Christus uns begabt hat, leben wir unsere Begabungen.

Nächstenliebe und Selbstliebe, die wir in ihm und aus ihm leben, machen uns mutig und stark, zuversichtlich und selbstvertrauend.

Empfehlung 15:

Stress und Burnout sind Ehefeinde

Dass das persönliche Gewordensein und damit der Lebensstil in Partnerschaft und Zusammenleben eine große Rolle spielen, haben wir bereits angesprochen. Ehrgeiz, Arbeitssucht, Anerkennungsstreben und Karriereambitionen sind Einstellungsmuster – und zwar vorrangig bei Männern – , die die partnerschaftliche Beziehung samt Familie an die zweite Stelle rücken, während Erfolgs- und Geltungsstreben im Mittelpunkt stehen. Es leuchtet ein, dass das häufig eine große Belastung für die Ehe darstellt.

Welche Möglichkeiten, damit umzugehen, gibt es?

Möglichkeit 1

Legen beide Eheleute auf Geltung, Karriere und Besitz großen Wert, können sie Liebe, Zärtlichkeit, Kommunikation und Austausch an die zweite Stelle rücken. Beide stimmen in ihren Lebenszielen weitgehend überein, aber die wahre Liebe leidet.

Möglichkeit 2

Leidet ein Partner, weil Ehe und Liebe zu kurz kommen, besteht Handlungsbedarf. Falls es beiden nicht gelingt, eine gute gemeinsame Lösung zu finden, ist eine Eheberatung angesagt. Gehen die Positionen stark auseinander, ist die Beziehung ernsthaft gefährdet.

Möglichkeit 3

Viele wollen nicht wahrhaben, dass Arbeitssucht ein Zwangsverhalten beinhaltet, weil Karriere und Geltungssucht bis zum Exzess getrieben werden. Workaholics stürzen sich in die Arbeit, um sich vor Nähe und Intimität zu schützen oder um sich vor sich selbst, vor anderen und vor Gott zu beweisen. Besteht auch nur der Verdacht, dass es sich um eine Zwangsstörung handelt, ist eine Therapie dringend erforderlich.

Viele Menschen, auch Christen, verwechseln Erfolg mit Frucht. Das Erfolgsdenken und die Ziele unseres Wirtschaftssystems haben wir so verinnerlicht, dass wir pausenlos Erfolg und Frucht verwechseln. Frucht dient der Gemeinschaft. Viele powern bis zum Umfallen, möchten das aber als Frucht deklarieren. Wer als Christ für seinen Herrn brennt, steht in der Gemeinde hoch in Kurs. Leider ist die Gefahr groß, dabei auszubrennen.

Wer Erfolg mit Frucht verwechselt, setzt gute Beziehungen, Partnerschaft und Ehe aufs Spiel.

Seelsorge und Beratung bei Stress, Arbeitssucht und Burnout

Schritt 1: Wir fragen nach den wirklichen Motiven

Stress ist ein Symptom, die Ursache liegt tiefer. Was verursacht Ärger, Niedergeschlagenheit und Resignation?

Schritt 2: Ohne Einsicht läuft nichts

Süchtige finden immer eine Ausrede. Einsicht ist der erste Schritt zur Besserung.

Schritt 3: Typische Symptome von negativem Stress

Schweißausbrüche, Herzrasen, feuchte Hände, Unkonzentriertheit, Angst, Erschöpfung schon am Morgen.

Schritt 4: Auf Multitasking verzichten

Wenn möglich, nicht mehr mehrere Aufgaben gleichzeitig wahrnehmen. Herunterschalten üben.

Schritt 5: Gefühlswallungen herunterschrauben

Sich nicht in negative Emotionen hineinsteigern. Ärger nicht als angeblich bewusste Entscheidung tarnen.

Schritt 6: Ungerechte Kritik abwehren

Ungerechte Kritik ins Leere laufen lassen. „Ich danke dir, dass du mir das gesagt hast!" (nach Ruth Cohn)

Schritt 7: Konstruktiv mit Sorgen umgehen

Sorgen sind negativer Stress. Nicht aus Mücken Elefanten machen. „Alle eure Sorge werft auf ihn; denn er sorgt für euch." (1. Petrus 5,7)

Ich las, wie Raben – bekanntermaßen kluge Tiere – sich zu helfen wissen, wenn sie harte Nüsse von Bäumen gepflückt haben: Sie fliegen in die Höhe und lassen die Nüsse von dort oben auf die harte Straßenfläche fallen, um sie auf diese Weise zu knacken. Ein wunderbares Bild für uns Menschen, mit Sorgen umzugehen: Wir tragen sie in die Höhe zu Gott und lassen sie dort fallen – die beste Methode zur „Entsorgung" unserer Kümmernisse und Nöte!

Schritt 8: Barmherzig mit sich umgehen

Ehrgeizige und arbeitssüchtige Menschen gehen in der Regel unbarmherzig mit sich um. Daher: Keine Selbstüberforderung!

Schritt 9: Der Herzinfarkt beginnt im Kopf

Negativer Stress, negatives Denken, Anerkennungsstreben sind schädlich. Keine Selbstausbeutung betreiben!

Schritt 10: Coping – die Kunst,
mit Stress vernünftig umzugehen

Sich Probleme von der Seele reden. Geteiltes Leid ist halbes Leid.

Schritt 11: Askese praktizieren

Der Asket ist jemand, der sich auf einen Wettkampf vorbereitet. In der Askese lernen wir, Nein zu sagen.

Schritt 12: Das Poststress-Syndrom verhindern

(Krankheits-)Beschwerden, die auftreten, wenn der Stress vorbei ist. Nicht sofort von der Arbeit auf die Urlaubsreise gehen.

Schritt 13: Perfektionismus aufgeben

Perfektionismus ist falsches Vollkommenheitsstreben. Perfektionismus ist Zielverfehlung.

Schritt14: Die physische und
psychische Stabilität stärken

Sich Pausen und ausreichend Schlaf gönnen. Sich regelmäßig bewegen und Sauerstoff tanken.

Schritt 15: Mit sich selber versöhnt leben

Keinen Bürgerkrieg mit sich selber führen. Keinem falschen Idealismus frönen.

Schritt 16: Die eigenen Stärken einsetzen

Sich nicht (nur) auf die Fehlerbehebung konzentrieren. Auf die eigenen Stärken und Charismen setzen.

Schritt 17: Veränderungen kosten Arbeit

Veränderungen kosten Gebet und Arbeit – immer beides. Die eigen(tlich)en Motive und wahren Hintergründe aufspüren.

Schritt 18: Stille pflegen

Lärm, Hektik und Reizüberflutung sind Auslöser von negativem Stress. Stille entstresst und fördert Kraft und Stärke. Nur in der Stille können wir Gottes Stimme vernehmen. Nur wenn wir abschalten, kann er sich einschalten. Alles Wichtige kommt leise.

Empfehlung 16:

Den Gefühlen ihren angemessenen Platz geben

Wo Menschen einander begegnen, sind immer auch Gefühle im Spiel. Man kann sich liebevoll austauschen, wütend aneinandergeraten, den anderen übergehen, den anderen übersehen. Gefühle gehören zum Leben wie die Luft zum Atmen.

So ist auch Liebe ohne Gefühl nicht zu verstehen. Immer ist sie mit Gefühlen verbunden. Aber wirkliche Liebe ist nicht in erster Linie Gefühl. Wer sich in Ehe und Partnerschaft hauptsächlich auf Gefühle verlässt, der ist verlassen. Liebe ist eine Tätigkeit, kostet Arbeit. Liebe will geben und schenken, will sich einsetzen und einbringen.

Der Zusammenhang von Liebe und Gefühl

In unserem „Erfahrungsgedächtnis" sind gemachte Erfahrungen – gute wie schlechte – mit entsprechenden Gefühlen verbunden; der Neurobiologe Gerhard Roth hat sich intensiv mit dieser Thematik beschäftigt. Gefühle zeigen, welche Erfahrungen wir mit Liebe in den verschiedensten Ausdrucksformen gemacht haben. Das beeinflusst unser Handeln in Gegenwart und Zukunft auf diesem Gebiet.

Beim Menschen unterscheiden wir Gefühlstypen, Verstandestypen, Arbeitstypen, Faulpelztypen, um nur einige zu nennen. Selbstverständlich spiegeln sich diese Typisierungen auch in der Liebe wider. Verstandestypen etwa sind auf diesem Gebiet berechnender, geordneter, überlegter; Faulpelztypen dagegen lassen es lässig angehen, lassen sich lieben.

Dass in der Liebe nicht nur das „Fühlen", sondern auch das „Tun" seinen Platz hat und haben muss, ist natürlich klar: Ich sorge für den Partner, bin ihm gegenüber treu, kläre Konflikte, nehme mir Zeit für den anderen usw. All diese Liebesaktivitäten beinhalten mehr als nur Gefühle. Ehepartner können sich nicht einfach gehen und stehen lassen. Es ist im Grunde eine große Aufgabe.

Gefühle sind Werkzeuge – auch in der Liebe

Die Individualpsychologie Alfred Adlers geht davon aus, dass Gefühle in uns kein Eigenleben führen. Sie sind darum auch kein Indikator für reife Liebe. Gefühle sind vielmehr Werkzeuge, die unseren Lebensstil widerspiegeln, die von unseren Vorstellungen und Gedanken benutzt werden und die unsere Vorstellung von Liebe durchsichtig machen. Gefühle sind also Mittel zum Zweck, die meine Wünsche und Bedürfnisse in der Liebe unterstützen.

Meine Gedanken verhelfen mir zu den Gefühlen, die ich benötige, um meine Liebesvorstellungen zu realisieren. Meine „private Logik", wie Alfred Adler sie genannt hat, die meine Erfahrungen, Wünsche, Überzeugungen und Vorurteile beinhaltet, erzeugt die entsprechenden Gefühle, um sie in die Tat umzusetzen. Ein gefühlloser Mensch wäre unfähig, Freundschaften zu schließen und menschliche Nähe zu erleben.

Anders ausgedrückt: Gefühle sind die Kraft unseres Handelns, die Energiespritze für unser Verhalten in der Liebe. Sie sind das Rückgrat unserer Liebesvorstellungen und Überzeugungen und der Treibstoff unserer Interessen und Wünsche in Sachen Liebe.

Liebe ist die Summe aller göttlichen Forderungen

Weil der Mensch zum Lieben erschaffen ist, kann er nicht anders als lieben. Durch den Riss, der in sein Wesen gekommen ist, ist er aber zur echten, über ihn selbst hinausgehenden Liebe nicht mehr fähig; seine Liebe ist meist eine verirrte, gebundene. Er vergeudet seine edelsten Kräfte an Dinge, die dessen nicht würdig sind.

Wenn der Mensch aber zu Gott findet und letzte Geborgenheit bei ihm erfährt, so wird alles in

seinem Leben durch die große Gottesliebe bestimmt.

Aus dieser Perspektive stehen in der Liebe nicht die
Gefühle im Vordergrund. Bezogen auf die eheliche
Partnerschaft, heißt das: Ehe ist ein „Liebesvertrag",
ein „Dienstvertrag". Liebe ist eine Selbstverpflich-
tung, den anderen zu achten und zu ehren. Nicht:
Ich erwarte Liebe. Sondern: Ich schenke Liebe.

Der Unterschied zwischen Liebe und Gefühl –
ein Beratungsbeispiel

Der bekannte Managementberater Stephen R. Covey macht in seinem erstmals 1989 erschienenen
Weltbestseller „Die 7 Wege zur Effektivität" anhand
eines Beratungsgesprächs deutlich, wie er den Zusammenhang von Gefühl und Liebe beurteilt. Ich
gebe es im Folgenden sinngemäß wieder:

Ein Ratsuchender spricht Covey an und erzählt ihm
von seinen Eheproblemen. Er und seine Frau hätten
einfach nicht mehr die gleichen Gefühle füreinander wie früher. „Ich glaube, wir lieben uns einfach
nicht mehr. Was soll ich tun?"

„Liebe sie!", antwortete ihm Covey.

Aber wenn doch die Gefühle nicht mehr da seien,
wendet der Ratsuchende ein.

„Liebe deine Frau!", kommt erneut als Antwort.

Der Ratsuchende meint, Covey habe ihn nicht richtig verstanden, und wiederholt: „Das Gefühl von Liebe ist nicht mehr da."

„Umso mehr ein Grund, sie zu lieben!", entgegnet Covey.

„Aber wie soll man denn lieben, wenn man nicht liebt?"

Die überraschende Erklärung von Covey: „Liebe ist ein Tätigkeitswort. Das Gefühl ist eine Frucht des Liebens, des Tuns. Also liebe sie, diene ihr, sprich mit ihr, fühle mit ihr, bringe ihr Wertschätzung entgegen, gib ihr Bestätigung. Willst du das?"

Wir halten fest:

In partnerschaftlichen Beziehungen sprechen immer die Gefühle mit. Aber:

Liebe ist nicht in erster Linie ein Gefühl.
Liebe ist Tat, Liebe dient, Liebe bringt Opfer.
Liebe ist eine soziale Fertigkeit, die antrainiert werden muss.
Liebe erwartet nicht Liebe vom Partner, sie schenkt Liebe.
Liebe heißt Wertschätzung, Bestätigung, Treue.

Empfehlung 17:

Wir streben in der Liebe Geborgenheit an

Menschen, die sich lieben, streben ein Gefühl der Geborgenheit an. Wir wollen uns wohlfühlen, wünschen uns ein Zuhause, Halt und Zugehörigkeit.

Geborgenheit spiegelt Urvertrauen wider. Sie ist mehr als materielle Sicherheit. Sie vermittelt ein Gefühl des Zu-Hause-Seins: Ich weiß mich sicher aufgehoben.

Mangelnde Geborgenheit kann später zu distanziertem oder umgekehrt zu klammerndem Verhalten führen.

Liebesfähigkeit setzt ein hohes Maß an Geborgenheitsgefühl voraus. Der Mensch fühlt sich sicher, geborgen, zu Hause, fest verwurzelt. Die Existenz hängt nicht in der Luft.

Geborgenheit hat darum mit Halt im Leben zu tun. Dieser Halt wird nicht in erster Linie von draußen erwartet. Wer sich geborgen fühlt, ruht in sich. Seine Liebe ist stark, weil er selbst sich gehalten und getragen weiß. Gott ist eine Garantie für seine Geborgenheit. Das Gegenteil davon sind Unbehaustheit und Heimatlosigkeit.

Überbehütung – Vernachlässigung – Angenommensein

Die Sozialisation jedes Menschen verläuft unterschiedlich. Aus der völligen Abhängigkeit des Säuglings von der Mutter soll sich im späteren Leben eine gesunde Selbstständigkeit ergeben. Schrittweise vollzieht sich eine lebensnotwendige Trennung und Abnabelung. Der Mensch reift, kann loslassen und grenzt sein Ich vom Du ab. Etwa ab dem vierten Lebensjahr wächst das Gemeinschaftsgefühl und es verstärkt sich der Wunsch, mit anderen Kindern zusammen zu sein.

Dieser gesunde Ablösungsprozess kann gestört werden. Eltern halten eifersüchtig ihre Kinder fest und die Kinder klammern sich ängstlich an ihr Elternhaus. Selbstständigkeit und Selbstbehauptung werden blockiert.

Eine andere Gefahr für das Kind besteht darin, dass es vernachlässigt wird. Es erfährt keine Geborgenheit und wird in seinem Urvertrauen enttäuscht. Mangelnde Mutterliebe löst Angst aus. Das Kind fühlt sich weder bejaht noch verstanden, es fühlt sich weder zu Hause noch zugehörig, es empfindet sich als entwurzelt. Viele Untersuchungen an Kleinkindern sowie Langzeitbeobachtungen bestätigen, dass diese Kinder bzw. Heranwachsenden schwere

Störungen ihrer Gesamtpersönlichkeit in vielen Lebensbereichen erfahren.

Mangelnde Geborgenheitserfahrung kann wie gesagt einen distanzierten Charaktertyp hervorbringen. Das Kind wurde alleingelassen, Wärme und Zuwendung wurden ihm vorenthalten. Auf sich gestellt, versucht es, allein mit dem Leben fertigzuwerden. Gern zieht es sich zurück, hält Abstand zu anderen Kindern und später im Leben zum Partner, denn seine Liebesfähigkeit konnte nicht gesund heranreifen. Der distanzierte Typ vermisst Nähe und Wärme nicht so sehr, weil er sie nicht erfahren hat. Ohne es bewusst zu wollen, vermittelt er Kühle und Sachlichkeit. Dass es im Falle einer Partnerschaft mit einem klammernden Charaktertyp zu Konflikten kommt, ist einleuchtend.

Wirkliche Mutterliebe hingegen ist die bedingungslose Bejahung des Lebens und der Bedürfnisse des Kindes. Ihm wird vermittelt: Es ist gut, auf der Welt zu sein. Es ist gut, zu leben. Es ist gut, ein Junge zu sein. Es ist gut, ein Mädchen zu sein. Es ist gut, angenommen und aufgehoben zu sein.

Kinder und Heranwachsende, die sich angenommen, verstanden und geliebt fühlen, strahlen Geborgenheit aus. Sie fühlen sich gehalten, getragen, zugehörig; sie pflegen Kontakte, weil sie Selbstvertrauen leben, und sie gehen gern Beziehungen ein, weil sie sich selbst als liebenswert einstufen.

Orte der Geborgenheit

Geborgenheit hat mit Orten zu tun. Wir haben an bestimmten Orten unsere guten oder schlechten Erfahrungen gemacht. Freud und Freude, Wohlbefinden und Schmerzen sind in der Regel an Orte gebunden, die in unserer Erinnerung eine große Rolle spielen.

Ich arbeite in der Beratung gern mit frühkindlichen Erinnerungen. Sie spielen an verschiedenen Orten und es ist wichtig, an was sich der Klient erinnert:

„Ich liege in meinem Bettchen, kein Mensch im Zimmer, die Uhr tickt, ich habe Angst. Ich rufe und niemand antwortet."

„Ich spiele in einem Raum ohne Fenster und es brennt immer Licht. Meine Mutter dreht mir den Rücken zu. Sie ist beschäftigt."

„Meine Schwester und ich spielen auf dem Boden mit Puppen. Die Sonne scheint, es ist warm. Mutter sitzt in einem alten Lehnstuhl, den ich auch sehr liebe, schaut uns an und lacht. Wir sind glücklich."

Drei Klienten haben bestimmte Orte der Kindheit in Erinnerung. Der eine fühlt sich ungeborgen, weil liebste Menschen fehlen und ihm nicht antworten. Er ruft ins Leere und verspürt Angst. Ist die Erinnerung nicht die Widerspiegelung einer Grunderfahrung seines jetzigen Erwachsenenalters – ohne Menschen, ohne Kontakt und ohne Echo?

Der andere hat ebenfalls bittere Erfahrungen in seiner Kindheit gemacht. Die Mutter, die Spenderin von Wärme, Zuwendung und Geborgenheit, dreht ihm den Rücken zu. Er fühlt sich allein, die Mutter ist beschäftigt.

Nur im dritten Fall spricht ein Mensch positive Erfahrungen aus. Zufrieden und beglückt spielt er auf der Erde, die Sonne als Inbegriff der Wärme scheint ins Zimmer. Die Mutter ist zugewandt und lacht. Der Ort strahlt Behaglichkeit und Nestwärme aus. Der Klient ist nicht allein oder alleingelassen. Aus vollem Herzen kann er sagen: „Wir sind glücklich."

Das sind unsere Erfahrungen: lachende und weinende Orte, beruhigende und bedrohende Orte, tröstende und verletzende Orte. Wir bewahren sie alle im Gedächtnis. Sie prägen unser Leben und auch unsere späteren Partnerbeziehungen.

„Von allen Seiten umgibst du mich"

Geborgenheit ist zutiefst auch eine Glaubensfrage. Wohin wir auch gehen müssen, Gott geht mit, er ist bei uns. David drückt es in seinem bereits zitierten Gebet so unnachahmlich aus (Psalm 139,5): „Von allen Seiten umgibst du mich und hältst deine Hand über mir."

Alles ist in Gottes Hand. Er schenkt uns Geborgenheit, Sicherheit, Wärme, Wohlbefinden, Vertrauen, Akzeptanz, ein Zuhause und innere Ruhe. Das übersteigt alle unsere Vorstellungen.

In der Bergpredigt ermuntert uns Jesus, dass wir, statt voller Sorgen durchs Leben zu gehen, uns an den Vögeln unter dem Himmel und an den Lilien auf dem Felde ein Beispiel nehmen sollen: Gott nährt und kleidet sie – wie viel mehr wird er sich um uns Menschen kümmern (Matthäus 6,25- 34)!

Wie sind weder von einem blinden Schicksal ins Leben gerufen worden noch einem solchen ausgeliefert, auch wenn es uns manchmal so scheinen mag. In dieser ganzen Welt gibt es keinen Raum ohne Gott, keine Zeit ohne Gott, keine Wirklichkeit ohne Gott.

Diese Gewissheit vermittelt eine riesige Geborgenheit. Wir sollten sie auch für unsere Ehe in Anspruch nehmen.

Empfehlung 18:

Partnerschaftliche Liebe bedeutet auch Treue

Wir haben oben über Gefühle gesprochen. Treue ist nicht in erster Linie ein Gefühl, sondern eine Haltung, eine Gesinnung, ein Versprechen. Sie bleibt eine lebenslange Aufgabe. Liebe lebt von innerer Verbundenheit und ist ohne Treue wie ein Baum ohne Blätter. Treu sein heißt: „Ich bleibe bei dir. Ich halte bei dir aus. Du kannst mir trauen, was auch immer geschieht."

Warum Treue sich lohnt

Markus Spieker, Historiker und Fernsehredakteur, hat ein Buch geschrieben mit dem provozierenden Titel „Mono. Die Lust auf Treue" (Pattloch, München, 2011). Er macht auf zwei simple, aber fundamentale Vorteile der Treue aufmerksam: Treue tut gut. Untreue tut weh. Warum tut Treue gut? Weil sie Vertrauen schafft; das vereinfacht das Leben und bringt in der Folge Zufriedenheit und Glück hervor. Mit der Treue ist es wie mit der Gesundheit: Was man an ihr hat, merkt man erst, wenn sie weg ist.

Wissenschaftliche Studien belegen, dass Fremdgehen das Krankheitsrisiko erhöht. Wer das biblische Gebot „Du sollst nicht ehebrechen" befolgt, lebt einfach gesünder. Seitensprünge stellen eine massive Bedrohung der Gesundheit dar. Der Grund ist leicht nachvollziehbar: Den Partner betrügen geht kaum ohne die eine oder andere Lüge oder gar ein ganzes Lügengebäude, um die Affäre geheim zu halten. Dazu kommt die Angst vor Entdeckung. Also Stress pur.

Fremdgehen belastet zudem das Vertrauensverhältnis, die Intimität und das Zusammengehörigkeitsgefühl in der Ehe. Ein hoher Preis!

Einen weiteren Aspekt zeigt folgender kleine Dialog zwischen zwei Verheirateten, die sich über das Thema Treue unterhalten:

Er: „Du bist ja nicht nur meine Ehefrau, sondern auch meine Freundin und engste Vertraute. Mit Untreue würde ich sehr viel aufs Spiel setzen. Ganz davon abgesehen, dass ich mich an die Treue schon gewöhnt habe."

Sie: „Gewöhnt?"

Er: „Ja, gewöhnt daran, bei meiner eigenen Überzeugung zu bleiben. Treue ist wie ein Muskel. Man kann und muss sie trainieren. Widerstand gegen ungute Wünsche macht stark."

Das Wort „Treue" in der deutschen Sprache

Dem deutschen Wort „Treue" liegt das erschlossene indogermanische Wort „deru" zugrunde, das so viel wie „Eiche", „Baum" heißt (und übrigens auch in unserem Wort „Teer" steckt). Treu sein meint also ursprünglich, fest und stark wie ein Baum zu sein – tief verwurzelt, dem Sturm trotzend, kräftig und beständig.

Wer treu ist, traut dem anderen. In diesem Sinne schließen sich Eheleute zusammen. Sie versprechen sich bleibende Treue und geloben vor dem Traualtar, in guten und in bösen Tagen, in Freud und Leid zusammenzubleiben und füreinander einzustehen – bis der Tod sie scheidet.

Jemand hat zu Recht gesagt: Wenn sich zwei junge Menschen vor dem Traualtar lebenslange Treue versprechen ohne den Beistand des lebendigen Gottes, dann ist das Hochstapelei. Denn sie wissen nicht, was sie da sagen. Treue ist kein romantisches Gefühl, sondern eine Willensbekundung.

Ja, Treue ist kein Gefühl, sondern ein ernstes Versprechen, das unter dem Beistand Gottes leichter gehalten werden kann. Treue sagt bedingungslos Ja zum Partner, auch wenn die Gefühle der Anziehung und Faszination nachlassen.

Wer Treue sagt und Treue will, findet die Kraft der Erneuerung. Zwei Menschen, die sich rückhaltlos einander versprechen, laufen nicht gleich davon, wenn Krisen kommen. Sie probieren keinen Ausbruch, sie suchen gemeinsam nach Lösungen.

„Und die Treue, sie ist doch kein leerer Wahn"

Vor vielen Jahren machte eine sogenannte „wissenschaftliche Erkenntnis" die Runde: Gelegentliche Untreue tue einer Ehe gut. Verkündet wurde die These von dem US-amerikanischen Ehepaar Nena und George O'Neill in ihrem 1972 erschienenen Buch „Open Marriage"; die deutsche Ausgabe kam im selben Jahr unter dem Titel „Die offene Ehe" heraus. Als die O'Neills Paare suchten, die nach ihrem angepriesenen Konzept glücklich geworden waren, fanden sie keines. Sie mussten zugeben: „Wir haben uns geirrt."

Friedrich Schiller hat also recht gehabt: „Und die Treue, sie ist doch kein leerer Wahn" – wenn auch in seiner Ballade „Die Bürgschaft" in einem anderen Zusammenhang gesagt.

Treue ist lebensnotwendig, sozusagen das Salz in der Suppe der Ehe. Sie ist ein verlängertes Vertrauen mit einem Schuss Hoffnung. Treue heißt aber auch, dass man nicht einen eventuell doch vorgekommenen Fehltritt absolut verurteilt. Denn absolute Treue ist eine Illusion. Der Mensch ist und bleibt ein Sünder.

Treue und Vertrauen gehören zusammen. Ohne Treue kein Vertrauen. Ohne Vertrauen keine Liebe. Treue ist kein überflüssiger moralischer Zuckerguss für den Ehe-Kuchen. Sie bedeutet, voll und ganz zum Partner zu stehen und für ihn da zu sein.

Treue beinhaltet Ehrlichkeit. Wer den Partner anlügt oder ihm etwas Wesentliches verschweigt, der betrügt ihn. Diese Form der Untreue zerreißt das Band der Liebe, schafft Risse und Störungen in der Beziehung.

So erfordert Treue auch Mut. Ich stehe für den Partner ein, wenn er angegriffen und diffamiert wird, wenn Eltern und Schwiegereltern sich beschweren. Treue ist Solidarität mit dem geliebten Menschen.

Ist Egoismus Untreue?

Ich spreche in einem christlichen Jugendkreis über das Thema „Zwischen Kuss und Ehe". Wir kommen auch auf die Untreue zu sprechen. „Was ist Untreue?", frage ich in die Runde.

Und wie in einem Chor schallt es mir entgegen: „Wenn man fremdgeht; wenn man sich vom Partner abwendet und sich einem anderen Menschen in Liebe zuwendet."

Das ist richtig. Aber muss sich Untreue immer in so plumper Aufmachung produzieren? Gibt es nicht viel feinere und gefährlichere Formen? Untreue hat viele Gesichter: Egoismus, Selbstverwirklichung, falsche Rücksicht auf andere Menschen, Unfreiheit gegenüber der eigenen Triebhaftigkeit, übertriebener Ehrgeiz in beruflicher, moralischer oder religiöser Hinsicht, Vernachlässigung des Partners.

Es gibt viele unanstößige Dinge, die uns wichtiger werden können als der Partner. Untreue schleicht sich so auf Samtpfoten in die Ehe ein. Kein plumper Fehltritt und kein sexuelles Vergehen. Wer seinen Ehepartner vernachlässigt, wer seinen egoistischen Zielen nachjagt und wer seiner beruflichen Karriere den ersten Platz im Leben einräumt, ist untreu. Er sieht sich und nicht den Partner, er hat sein Leben im Fokus und nicht die Ehe.

Ja, Egoismus ist eine Form der Untreue. In der Ehe steht das Wir im Mittelpunkt und nicht das Ich.

Ursachen der Untreue

Ein wahres Wort hat Theodor Bovet über Untreue und Ehebruch geschrieben: „Ehebruch setzt immer eine brüchige Stelle in der Ehe voraus."

Zwei Menschen, die glücklich, zufrieden und harmonisch zusammenleben, werden sich kaum zu ernsthafter Untreue hinreißen lassen. Sie haben es nicht nötig, ihre Blicke, Begierden und Wünsche auf andere Partner zu richten. Sie können in Versuchung geraten, aber sie können in ihrer Liebe zu dem einen Partner nicht grundsätzlich irre gemacht werden.

Wesentlich anders sieht es aus, wenn einer oder beide unzufrieden mit ihrer Ehe sind. Die Liebeseinheit ist gestört, die innere Bindung gelockert, das Miteinander ist zu einem Nebeneinander geworden.

Was können die Ursachen sein? Einige möchte ich nennen:

- Ein Partner ist enttäuscht vom anderen.
  Er hat zu hohe Erwartungen an die Ehe
  gehabt, seine Vorstellungen sind unrealistisch
  gewesen. Er ist ständig auf der Suche nach
  dem idealen Lebenspartner.
- Zwei Menschen sind extrem gegensätzlich.
  Beide haben eine Ergänzung gesucht.
  Aber die Gegensätze sind zu gefährlichen Reibungspunkten geworden. Sie streiten
  sich inzwischen mehr, als dass sie sich
  beglücken.

- Ein Partner lebt sexuell unbefriedigt.
  Die Hingabe ist blockiert. Die Angst, verein-
  nahmt, beherrscht oder ausgenutzt zu werden,
  hemmen die sexuelle Harmonie. Einer bricht
  aus und sucht Erfüllung außerhalb der Ehe.
- Die Eheleute kämpfen miteinander.
  Jeder will recht haben und recht behalten.
  Der Kampf kann auf vielen Ebenen geführt
  werden: Finanzen, Kindererziehung, Glauben,
  alltägliche Entscheidungen.
- Die Eheleute haben sich nichts mehr zu sagen.
  Ihre Kommunikation ist auf dem Nullpunkt.
  Vielleicht fanden sie sich vor der Ehe
  äußerlich attraktiv, stimmten aber seelisch
  und geistig wenig überein. Langeweile in
  der Ehe ist ein häufiger Grund, aus ihr
  auszubrechen.

Es gibt unzählige Gründe, die Untreue begünstigen.
Müssen sie zwingend zum Ehebruch oder gar zum
endgültigen Bruch führen? Nein. Wenn beide wollen, wenn beide Hilfe in Anspruch nehmen (Seelsorge, Beratung, Therapie), kann es eine Lösung geben. Wer Ehekonflikte allerdings als Alibi benutzt,
um auszubrechen und es mit einem neuen Partner
zu versuchen, hat vermutlich dem anderen niemals
ehrlich die Treue versprochen.

Untreue und Scheidung
nach biblischem Verständnis

Wenn wir das Neue Testament befragen, finden wir im Evangelium eine zentrale Aussage Jesu (Matthäus 19,9): „Ich aber sage euch: Wer sich von seiner Frau scheidet, es sei denn wegen Unzucht, und heiratet eine andere, der bricht die Ehe."

Dieses Wort macht unmissverständlich deutlich, dass die Ehe allein ein Bund zwischen einem einzigen Mann und einer einzigen Frau ist. Die Verbindung mit einer dritten Person, egal ob vonseiten des Mannes oder der Frau ausgehend, bedeutet Zerbruch der von Gott gewollten Einheit.

Was heißt das für Christen?

1. Im Alten Testament konnte geschieden werden, wenn der Mann etwas „Widerwärtiges" an seiner Frau entdeckte. Darunter verstand das Lehrhaus des Rabbi Schammai erwiesenen Ehebruch. Das Lehrhaus des Rabbi Hillel fasste die Bedeutung dieses Ausdrucks viel weiter; es konnte außer Ehebruch auch Ungehorsam der Frau oder auch nur jegliche Unzufriedenheit des Mannes mit seiner Frau meinen.

2. Jesus radikalisiert im Neuen Testament
   das Scheidungsverbot. Er spricht von der
   grundsätzlichen Unauflösbarkeit der Ehe.
   „Was nun Gott zusammengefügt hat, das soll
   der Mensch nicht scheiden!" (Matthäus 19,6).
3. Der Ehebund ist eine Einheit, ein „Individuum",
   also ein Unteilbares. Mann und Frau sind nicht
   mehr zwei, sie sind nicht mehr einsam.
4. Die christliche Ehe gründet nicht in erster Linie
   auf gegenseitigen Verträgen. Sie gründet in
   Gottes Handeln. Gott hat die zwei zusammengefügt. Und was in Gott vereinigt worden ist, soll
   der Mensch nicht scheiden.
5. Scheidung ist immer nur eine Notlösung,
   eine schmerzliche Trennung, die tiefe Wunden
   reißt. Doch auch sie kann vergeben werden.

Empfehlung 19:

Lebenslügen erkennen und ablegen

Im Miteinander von Menschen, auch in Partnerschaften und Ehen, gibt es in der Tat Lügen, die geglaubt werden. In gewisser Weise sind sie gefährlicher als die bewussten Lügen, denn wir halten sie ganz selbstverständlich und unhinterfragt für wahr. Doch sie sind es nicht. Wir betrügen uns ungewollt selber damit, machen uns selber etwas vor.

Warum Lebenslügen?

Lebenslügen sind Überzeugungen, die nicht mit der Wirklichkeit übereinstimmen, und Erwartungen, die völlig überzogen und irreal sind. Es sind Selbsttäuschungen, die wir uns aus bestimmten Gründen angeeignet haben, Abwehrmethoden, die wir uns zugelegt haben, Lebensirrtümer, die wir hartnäckig für wahr halten. Oft haben wir sie uns schon als Kinder und Heranwachsende zu eigen gemacht.

Es beginnt im Grunde schon im Paradies mit dem Sündenfall. Adam und Eva wollen für ihre Übertretung des göttlichen Gebots nicht den Kopf hinhalten und schieben die Schuld jeweils ab, der Mann auf die Frau und die auf die Schlange.

Warum verstecken wir uns so gern hinter einer schönen oder gar frommen Fassade? Was sind die verstandenen und unverstandenen Motive für unsere Selbsttäuschungen und Lebenslügen?

Hinter unserem äußeren Erscheinungsbild verbirgt sich leider nicht unsere Schönheit, sondern ein Ego, das sich gern selbst rechtfertigt und gut angesehen sein möchte.

Lebenslügen spielen auch im Bereich der Vergebung eine Rolle. Wir wollen uns nicht entblößen, wollen nicht schwach und beschämt dastehen und nicht blamiert werden, wollen nicht „zu Kreuze kriechen", wie man zu sagen pflegt. Darum fällt es schon kleinen Kindern so schwer, für ihr Fehlverhalten einzustehen, und ebenso uns Erwachsenen, Schwächen und Fehler zuzugeben.

Wenn wir den Lebenslügen auf die Spur kommen wollen, müssen wir den Lebensstil eines Menschen verstehen. Von ihm war in diesem Buch schon mehrmals die Rede. Er spiegelt auch unsere Lebenslügen wider.

Der Lebensstil beinhaltet meine Hauptüberzeugungen, meine Art zu glauben, meinen Pessimismus oder Optimismus, meine Aktivität oder Passivität, meine Harmoniesucht, meinen Grübelzwang, meine Willensschwäche usw. Er offenbart Lebensirrtümer, irrationale Überzeugungen, Vorurteile, eingebildete Ängste.

Der Lebensstil bestimmt auch die „Brille", die ich aufhabe und durch die ich das Leben, die Welt, den Menschen und Gott betrachte, sei es mit verzerrter oder aber mit realitätsnaher Sichtweise.

Wenn mein Lebensstil etwa lautet: „Du darfst niemals schwach sein!", dann liegt es auf der Hand, dass ich unter Umständen Vergebung als Schwäche deute, sowohl das Aussprechen wie auch das Annehmen von Vergebung; das Eingeständnis von Fehlern und Sünde ist für mich inakzeptabel.

„Ich bin es nicht gewesen"

Aus meiner Kindheit fällt mir eine böse Geschichte ein, die mich lange innerlich verfolgt hat.

Es war in der zweiten oder dritten Klasse der höheren Schule. Ich saß neben einem Schüler, der wie ich den Mathematikunterricht entsetzlich langweilig fand. (Ich entdecke bei mir gerade eine zweite Lebenslüge: Der Unterricht war nicht langweilig, sondern wir zwei waren ausgesprochen schlechte Rechner.) Auf jeden Fall waren wir nicht bei der Sache. Stattdessen ritzte ich mit einem scharfen Gegenstand Figuren in den Schreibtisch. Der grüne

Lack, ich sehe den Tisch noch heute klar vor Augen, blätterte ab und das helle Fichtenholz kam zum Vorschein.

Die Sache ging einige Monate gut. Dann wurde ich in eine andere Klasse versetzt. Da erlebte ich in der Englischstunde, wie plötzlich der Direktor der Schule aufgeregt ins Klassenzimmer stürzte und meinen Namen rief. Ich war schockiert und stand nach dem Aufruf senkrecht.

„Du hast doch im vergangenen Schuljahr in deinem Klassenzimmer in der fünften Bank links neben Karl Müller gesessen. Stimmt's?"

„Ja, Herr Direktor!"

„Dann weißt du sicher auch, wer die Schmierereien auf deinem Pult fabriziert hat?"

Ein Augenblick Nachdenken.
„Nein, Herr Direktor!"

„Du bist es also nicht gewesen?"

„Nein, ich bin es nicht gewesen."

„Wir hatten vorher alle Schulbänke überprüft und neu bearbeiten lassen. Jetzt ist dieser Tisch verunstaltet. Du hast an diesem Pult gesessen. Nur du kannst es gewesen sein."

„Aber ich war's nicht!"

Alle Schüler der Klasse schauten auf mich. Alle dachten wahrscheinlich das Gleiche: Er ist es doch gewesen. Und ich war es auch.

Frech schaute ich den Direktor an und blieb bei meiner Lüge. Wenn ich heute über die Geschichte nachdenke: Ich wollte nicht bloßgestellt werden und nicht vor der gesamten Klasse als der Schmierfink entlarvt werden. Ich war zu feige. Unter dieser frechen Lüge habe ich lange zu leiden gehabt.

Der „Vorteil" solch bewusster Lügen ist, dass wir sie sofort als Schuld erkennen. Die unbewussten Lügen sind versteckter. Wir identifizieren sie nicht einmal als Lügen. Wir rechtfertigen sie. Wir legen uns glaubhafte Begründungen zurecht. Lügen, die wir für wahr halten, sind wesentlich schwerer zu widerlegen. Sie entfalten eine unglaubliche Vitalität.

Ein Beratungsbeispiel

Lebenslügen sind Verhaltensmuster, die wir gern vor unserem Bewusstsein, vor dem Partner und vor dem lebendigen Gott verstecken. Warum sollen wir etwa um Vergebung bitten, wenn wir unsere Sünden beispielsweise für anlagebedingt halten?

Da ist Herr Meyer. Er ist überkorrekt, übersauber

und übermoralisch. Seine Frau und er leben in einer Familie mit drei Söhnen im Alter von 16, 14 und 12 Jahren. Die Frau hat schon etliche Male die Beratung aufgesucht, weil ihr Gatte die ganze Familie mit Vorschriften und Anordnungen terrorisiert. Seine Genauigkeit hat etwas Krankhaftes. Er steht sich selbst im Wege und verkörpert das leibhaftige Unglücklichsein.

Alles taugt nicht. Alles genügt nicht. Alles entspricht nicht seinen Normen. Wenn er morgens die Augen aufschlägt, begegnet seinen Blicken die Unvollkommenheit in allen Räumen. Frau und Kinder geben sich die größte Mühe, dem Vollkommenheitsstreben des Ehemanns und Vaters einigermaßen zu entsprechen. Aber dessen Messlatte für Ordnung und Sauberkeit liegt eben eine Etage höher als die seiner Familie.

Am Reformationstag rastet Herr Meyer aus. Morgens ist er im Gottesdienst gewesen und hat sich schon maßlos über den Pfarrer geärgert, der nicht – wie seinerzeit Martin Luther – eine Reformation an Haupt und Gliedern in der Kirche und in der Gemeinde gefordert hat. Das Thema der Predigt hat gelautet: „Das Wort sie sollen lassen stahn!" Ein bekanntes Lutherzitat. Und genau das Gegenteil hat der Pfarrer angeblich getan. Heute müsse das Wort Gottes den neuen Gegebenheiten angepasst werden;

ein halbes Jahrtausend nach der Reformation müsse die wissenschaftliche Bibelkritik ernst genommen werden, habe es in der Predigt geheißen.

Am Mittagstisch lässt Herr Meyer seinen Frust vor Frau und Kindern heraus. Eine Aggressivität ohnegleichen liegt in der Luft und auf der Lauer.

Plötzlich merkt die Mutter, dass ihr im Portemonnaie 20 Euro fehlen. Durch die miese Stimmung in der Familie ist sie nervös und gereizt und beschuldigt ihren jüngsten Sohn, das Geld genommen zu haben. Erst vor wenigen Wochen hat er bereits den Vater bestohlen. Damals hat sie den Sohn gedeckt, um eine Katastrophe zu verhindern. Sie kennt ihren Mann, der schon einige Male gegenüber den Kindern gewalttätig geworden ist. Jetzt fühlt sich der jüngste Sohn ertappt, greift in seine Hosentasche und wirft den zerknüllten Geldschein auf den Tisch.

Da verliert der Vater die Fassung. „Wer seine Eltern bestiehlt, ist ein Verbrecher. Du bist ja der letzte Dreck!"

Er schleppt den Sohn in den Keller, nimmt einen Besenstiel und schlägt wie besinnungslos auf den Jungen ein. Seine Schreie dringen durch das offene Kellerfenster. Ein Nachbar hört es und ruft die

Polizei. Zehn Minuten später stehen zwei Beamten vor der Tür. Der Junge blutet am Kopf und an Armen und Händen. Er muss erbärmlich ausgesehen haben. Den Jungen nehmen sie sofort mit ins Krankenhaus. Der Vater erhält eine Anzeige, für ihn wird es ein Nachspiel haben.

Am Nachmittag kommt der Pastor zu Besuch, um mit dem Vater zu reden. Der weigert sich, seine Schuld einzusehen.

Der Junge hat die Strafe verdient. Wer die eigenen Eltern bestiehlt, ist ein Lump und ein Verbrecher. Die Strafe kann nicht hart genug ausfallen. Gott mag ihm vergeben, ich will es nicht."

Was offenbart diese Geschichte?

1. Der Vater ist von seiner Lebenslüge überzeugt: Wir Menschen müssen korrekt denken, fühlen und handeln. Wer bei schweren Vergehen nicht hart durchgreift, stellt die Ordnung Gottes auf den Kopf. Nachgiebigkeit ist Schwäche. Liberalität – wie sie aus seiner Sicht auch die Kirche praktiziert – ist ihr Untergang.

2. Die Position des Vaters nach diesem Vorfall: „Meinem Sohn vergeben kann ich nur, wenn ich falsch gehandelt habe. Da ich aber hart durchgreifen musste, sehe ich die Notwendigkeit

nicht ein. Harte Strafen sind biblisch. Gott hat schließlich die Benutzung eines Stockes empfohlen."

3. Und weiter: „Selbstverständlich ist Vergebung biblisch. Aber zuerst muss der Sohn den Vater und die Eltern um Vergebung bitten. Wenn er das nicht will, sehe ich keinen Grund, ihm zu vergeben."

4. Das Jugendamt hat den Jungen aus der Familie genommen. Er ist erst einmal in einer pädagogischen Einrichtung untergebracht. Der Sohn sieht sich nicht in der Lage, dem Vater zu vergeben. In seinen Augen ist der ein „krankhafter Perfektionist", der nun die Konsequenzen seines Handelns tragen soll.

Perfektionismus ist in der Tat eine Lebenslüge, eine Zielverfehlung. Perfektionisten fällt es schwer, sich und anderen Sünden zu vergeben. Sie sind unbarmherzig gegen sich und andere. Im Rahmen der Ehe stellt das eine schwere Belastung dar. Der Perfektionist kennt keine Großzügigkeit, keine Weitherzigkeit, keine Vergebung. Er kann nur schwer ein Auge zudrücken. Die wirkliche Liebe wird auf eine harte Probe gestellt.

Lügen über den Ehebruch

Auch im Zusammenleben der Eheleute gibt es Lügen, die die Vergebung verhindern. Wie können solche Lügen lauten?

Lüge Nr. 1: Ein Seitensprung ist noch keine Affäre

Was der Partner nicht weiß, macht ihn nicht heiß. Warum sollte ich den Partner um Vergebung bitten? Besser ich schweige, dann mache ich ihn nicht eifersüchtig, nicht misstrauisch und nicht unruhig. Wenn ich ihm den Fehltritt beichte, steht vielleicht die Ehe auf dem Spiel!

So denken viele und argumentieren in der Weise vor sich selber. Doch Ehrlichkeit ist ein hohes Gut. Wer dem Partner einen Seitensprung ehrlich beichtet, zeigt ihm damit, dass er die Ehe retten will. Das Geständnis kann zusammenschweißen.

Lüge Nr. 2: Die kreative Affäre
belebt eine müde Ehe ungemein

Das behaupten „Ehe-Experten" gern. Jedem, der fremdgeht und Ehebruch praktiziert, kommen diese „Erkenntnisse" gerade recht. Wer in eine Affäre eingewilligt hat, findet schnell Ausreden, die es ihm erlauben, sein sündhaftes Verhalten fortzusetzen.

Doch eine Affäre trennt die Eheleute und zerstört ihre Intimität und letztlich die Liebe.

Lüge Nr. 3: Wer sich vorher ausgetobt hat,
wird in der Ehe umso treuer sein

Warum sollten wir solche vorehelichen Episoden an die große Glocke hängen? Wozu sollten wir frühere Beziehungen dem Ehepartner offenbaren? Sie beunruhigen ihn nur und machen misstrauisch. Wer sich vorher ausgetobt hat, hat später keinen Nachholbedarf!

Auch das ist eine Legende. Näher an der Wahrheit ist das Gegenteil: Man wird den früheren „Freiheiten" und Eskapaden wohl eher nachtrauern.

Wie können Lebenslügen korrigiert werden?

Offenheit ist der erste Schritt zur Besserung

Ohne Offenheit bewegt sich nichts. Offenheit öffnet die Herzen füreinander. Der Partner bekommt Zugang zu meinen Gefühlen und zu meinen Wünschen. Die Ehe verkörpert die totale Einheit von Leib, Seele und Geist. Beide gehören einander ganz. Beide teilen alles miteinander.

Offenheit und Ehrlichkeit sind ein Geschwisterpaar. Wer offen und ehrlich alles anspricht, lebt eine wunderbare Einheit. Er kann beim anderen nur gewinnen. Offenheit und Ehrlichkeit verstärken die Nähe und das Einssein: Arm in Arm, Hand in Hand, Körper an Körper.

Es sind dies auch die angemessenen Einstellungsmuster vor dem lebendigen Gott. Je offener und ehrlicher wir ihm begegnen, desto ruhiger, ausgeglichener und entlasteter können wir leben. Lügen haben keinen Raum mehr, wenn beide Partner vor dem lebendigen Gott den Willen bezeugen, alles anzusprechen, was sie bewegt.

Was kann der Jähzornige tun?

Jähzorn ist eine destruktive Eigenschaft. Wer sie hat und lebt, wird auch gegen den Partner und die Kinder aggressiv. Er kann sich nicht entschuldigen und er will sich nicht entschuldigen. Ebenso wenig will er an sich arbeiten. Er sieht keine Notwendigkeit einer Veränderung. Stereotyp sind seine Ausreden: „Ich kann nicht aus meiner Haut. Ich muss mich nehmen, wie ich bin. Ihr müsst mich nehmen, wie ich bin."

Was kann in so einem Fall der Partner tun? Wenn eine Aussprache keine dauerhafte Besserung bringt, ist fachliche Hilfe angezeigt, etwa bei einer entsprechenden Beratungsstelle.

Geben und Nehmen müssen im Gleichgewicht sein

Der Kardinalsatz des Alten und Neuen Testaments heißt: „Liebe deinen Nächsten wie dich selbst."

Dieser Kernsatz gilt auch für Ehe und Partnerschaft. Echte Liebe ist gekennzeichnet durch Geben und Nehmen, durch Schenken und Beschenktwerden, durch Achten und Geachtetwerden, durch Lieben und Geliebtwerden. Beide müssen das Gefühl haben, dass dieses Gleichgewicht gewährleistet ist.

Wer etwas zurückhält, wer etwas nicht preisgibt, hält Teile seines Lebens und seiner Person zurück. Er teilt nicht alles mit dem Partner, sondern wahrt Distanz, wo Nähe und Vertrautheit herrschen sollten.

Empfehlung 20:

Liebe ist auch Überwindung von Einsamkeit

Der Mensch ist von Hause aus kein Solist und kein Einzelgänger, sondern ein soziales Wesen, er ist auf Gemeinschaft angelegt und braucht ein Gegenüber. Daher sucht er andere Menschen, mit denen er reden und sich austauschen kann, sei es in Freundschaft, Nachbarschaft, Beruf und nicht zuletzt in der Ehe. Ohne ein Gegenüber verkümmert der Mensch. Der Einsiedler ist die Ausnahme in der Gesellschaft, nicht die Regel. Einsamkeit kann kreativ sein, häufiger aber wird sie als Not empfunden.

Dennoch funktioniert soziales Miteinander nicht automatisch. Viele unserer Probleme sind zwischenmenschlicher Natur. Die Art und Weise, wie wir mit anderen Menschen umgehen und auskommen, entscheidet in gewisser Weise über unser Leben. Sie entscheidet auch über unsere Liebe. Wollen wir darum diese Liebe ganzheitlich erfassen, dürfen wir das Thema „Überwindung der Einsamkeit" nicht ausklammern.

Die Bedeutung der Herkunftsfamilie

Je selbstbewusster, selbstvertrauender und selbstsicherer ein Mensch ist, desto weniger wird er von

Einsamkeits- und Verlassenheitsgefühlen gequält. Ein Baby, das von Geburt an in seiner Mutter ein liebevolles und zärtliches Du erlebt hat, ein Kind, das in seiner Ursprungsfamilie Wohlbehagen, Vertrauen, Zuversicht und Geborgenheit getankt hat, wird zufrieden und gestärkt ins Leben treten und später besser mit Einsamkeit, Isolation und Alleinsein fertigwerden. Es hat ein beglückendes Wir erlebt und wird später die Sehnsucht nach einem Wir der Erwachsenen suchen. Und weil die wesentlichen Elemente der Liebe entfaltet wurden, ist so ein Mensch in der Lage, diese ganzheitliche Liebe weiterzugeben. Nähe, Vertrauen und Kontakt sind das Gegenteil von Einsamkeit. Der gesunde Mensch braucht diese Dinge und leidet, wenn er sie vermisst. Und darum wird ein Leben lang dieser Wunsch eine Rolle spielen: Zuwendung, Liebe und Einssein zu bekommen und Einsamkeit und Isolation zu vermeiden. So wird es verständlich: Liebe ist auch Überwindung von Einsamkeit.

Werfen wir noch einmal einen kurzen Blick auf die Lebensgeschichte eines Neugeborenen. Wenn Mütter und Väter, aus welchen Gründen auch immer, dem Kind zu wenig Liebe, Wärme, Zuneigung, Wohlwollen und Aufmerksamkeit geben, wird das Kind auf sich selbst zurückgeworfen. Es fühlt sich nicht geliebt, nicht zugehörig, nicht gewollt.

Im Jugend- und Jungerwachsenenalter kommen dann – auf der Suche nach Zuwendung – vorübergehende Partnerschaften und „Liebesabenteuer" zustande. Doch man fühlt sich gebraucht, benutzt, aber nicht wirklich geliebt.

In Partnerbeziehungen ist man von Zweifeln erfüllt, das Selbstbewusstsein ist mit Selbstkritik belastet. Das Vertrauen in die eigene Liebesfähigkeit ist gering. Es herrscht eine innere Distanziertheit, eine innige Beziehung kann nicht wachsen. Man wagt nicht, Vertrauen zu schenken.

Eine ausgewogene Liebe, die viele Ausdrucksformen haben kann und die sich dem Partner zufrieden und beglückend zuwendet, bleibt ein Torso. Die Brücke zum Du ist defekt. Man bleibt trotz Zweisamkeit einsam.

In einer Partnerschaft mit solch einem Menschen wird es viel Enttäuschung geben. Zwei, die sich eigentlich lieben wollen, finden doch nicht zueinander und bereiten sich ungewollt Schmerzen.

Einsamkeit ist ein Syndrom

Der Schweizer Arzt und Therapeut Paul Tournier hat für die Einsamkeit der Menschen ein zutreffendes Wort gefunden: Der Einsame ist auch der „Entwurzelte". Entwurzelung drückt den Entzug menschlicher Liebe aus, den Verlust der inneren Heimat, weil ein solcher Mensch in seiner Kindheit nie die Chance hatte, Wurzeln zu schlagen.

Einsamkeit ist das Gefühl, ohne einen anderen Menschen zu sein, wobei – wenig verwunderlich – auch laut neueren Umfragen Ältere stärker betroffen sind als Junge. Die „Generation Selfie" kann ihre Einsamkeit zudem mit digitalen Mitteln bekämpfen, die allerdings eine fragwürdige Hilfe darstellen.

Verschiedene Faktoren können sich zu einem Paket von Störungen verbinden, einem Syndrom. Gunnar von Schlippe spricht von zwölf Einsamkeiten, denen er in Seelsorge und Beratung begegnet ist, u. a.

- die schicksalhafte Einsamkeit, die aus überpersönlichen Gründen aufgezwungen sein kann
- Einsamkeit als Folge von Fehlverhalten
- die Einsamkeit des Forschers, der seiner Zeit voraus ist und einsame Wege geht, auf denen andere Menschen ihm nicht folgen können
- die freiwillig gewünschte Einsamkeit, in der man sich – ohne seelisch oder körperlich krank zu sein – wohlfühlt
- Einsamkeit als Schutz und Bollwerk gegen die bedrohliche Welt

- die Einsamkeit dessen, der sich unverstanden fühlt
- die Einsamkeit der Enttäuschten, die sich resigniert und verbittert zurückziehen
- Einsamkeit, die als Langeweile erfahren wird, weil man selber inaktiv ist und wenig mit sich anfangen kann
- Einsamkeit als Gefühl der Vereinzelung in der Masse

Die Aufzählung macht deutlich, dass es schwer ist, von *der* Einsamkeit zu sprechen. Einsamkeit ist eine Frage des Lebensstils: Wie sieht der Mensch sich selbst? Wie sieht er die anderen? Welche Ziele hat er im Leben? Und mit welchen Mitteln und Methoden versucht er, diese Ziele zu erreichen?

Die Antwort auf diese Fragen verdeutlicht, wie der Betroffene seine Einsamkeit, Verlassenheit und Isolation einschätzt. Er kann sie wünschen und kann darunter leiden, er kann sie suchen oder sie verfluchen. Jede Einsamkeit wird anders erlebt.

Wie heißt es am Schluss des Gedichtes „Ehekrach" von Kurt Tucholsky: „Das ist schwer: ein Leben zu zwein. Nur eins ist noch schwerer: einsam sein."

Gibt es einen Ausweg aus der Einsamkeitsfalle?

„Klammeräffchen" – so überschreibt Michael Eichhammer einen kleinen Abschnitt in seinem Buch „Erste Hilfe für Frischverliebte" (Klett-Cotta, Stuttgart, 2010, S. 221). Er warnt davor, den Partner als „Heilsbringer" zu sehen, der aus der Einsamkeit rettet. Damit würde man sich über einen anderen Menschen definieren und das Lebensglück von ihm abhängig machen. Die Angst, den Partner – und damit seinen Lebenssinn! – zu verlieren, belastet solch eine Beziehung, die alles andere als eine Partnerschaft auf Augenhöhe ist.

Müssen die oben genannten Defizite, so gefährdend sie für eine – existierende oder spätere – Partnerschaft sind, eine gelingende Ehe zwangsläufig unmöglich machen? Die Erfahrung aus jahrzehntelanger Beratungs- und Seelsorgearbeit hat mir gezeigt, dass junge und ältere Menschen an diesen Schwächen arbeiten können. Wenn der Einzelne vor der Ehe oder beide Partner in der Ehe diese Konfliktmuster offen ansprechen, können gemeinsam gefundene Lösungsempfehlungen eingeübt und antrainiert werden.

Christen haben zudem die Möglichkeit, mit Gottes Beistand ernsthaft diese Beziehungsschwächen ins Gebet zu nehmen. Wieder wird deutlich, dass lei-

denschaftliche Verliebtheitsgefühle und starke erotische Anziehungskräfte nicht ausreichen, um eine
dauerhafte Liebe zu garantieren.

Der Mensch ist ein Gemeinschaftswesen. Darum
gehören zur Beziehungsfähigkeit Ich-Stärke, ein
gesundes Selbstwertgefühl und eine Überwindung
falscher Einsamkeit. Vereinsamungsgefühle, Ver-
lustängste und ein Nichtverstandenwerden können
unterschiedliche Ursachen haben. Beratung, Therapie und Seelsorge vermögen zu helfen, Defizite und
Mängel auszugleichen, wenn beide Partner wollen.

Empfehlung 21:

Wir wollen die Angst in den Griff bekommen

Im Prinzip gibt es sieben bedrohliche Ängste: Zukunftsangst, Versorgungsangst, Altersangst, Potenzangst, Todesangst und Beziehungsangst.

Die meisten Beziehungskonflikte spiegeln Angst wider: die Angst, dem Partner unterlegen und nicht gewachsen zu sein; die Angst, nicht wertgeschätzt und nicht geliebt zu werden; die Angst, sitzen gelassen zu werden; u. a.

Diese Angst vor dem Liebesverlust kommt in vielen Formen vor: Eifersucht und Misstrauen, rot werden, leise sprechen, Impotenz und Frigidität, Depression u. a.

Eine in der Kindheit antrainierte Angst muss „rückgebaut" werden

Angst ist ein Signal: „Ich fühle mich ungeborgen!"

Angst ist ein Appell: „Lass mich nicht allein!"

Angst ist ein Hilfeschrei: „Gib mir Geborgenheit und Sicherheit!"

Eltern, Großeltern und Erzieher spielen hier eine wichtige Rolle: Wenn Kinder regelmäßig erleben, dass sie sich auf diese engsten Vertrauten nicht verlassen können, wird das ihre späteren zwischenmenschlichen Beziehungen entsprechend belasten, besonders natürlich eine Partnerschaft.

Leider wird diese im Keim vorhandene Problematik in der Verliebtheitsphase gern übersehen, überhört und kaum wahrgenommen. Kommt dann der (Ehe-)Alltag, zeigt sie sich mehr und mehr.

Der „ängstliche" Part fühlt sich nun leicht und oft zu Unrecht ungeborgen und vernachlässigt und leidet unter der Angst, verlassen zu werden. Das Gegenüber erlebt Kritik und Vorwürfe, die aus seiner Sicht unberechtigt sind, und kann solche Gefühle und Ängste schwer nachvollziehen. Verständnislosigkeit auf beiden Seiten ist die Folge.

Diese übersteigerten Ängste müssen als Problem erkannt werden, damit angemessen darauf reagiert werden kann; ansonsten ist die Ehe ernsthaft in Gefahr.

Angst in der Partnerschaft

Mit dem folgenden Fragebogen wird versucht, den die Ehe bedrohenden Ängsten auf die Spur zu kommen:

	stimmt nicht	stimmt teilweise	stimmt voll
Ich fürchte mich, verlassen zu werden			
Ich fürchte mich, minderwertig zu sein			
Ich habe Angst, zu abhängig von dir zu sein			
Ich fürchte mich, von dir etwas zu fordern			
Ich habe Angst, darum kann ich nicht Nein sagen			
Ich habe Angst, mich völlig hinzugeben			
Ich habe Angst, ausgenutzt zu werden			
Ich habe Angst, mich dir ganz zu öffnen			
Ich fürchte mich vor deiner Aggressivität			
Ich habe Angst, mich zu wehren			
Ich habe Angst, dir bestimmte Wahrheiten zu sagen			
Ich habe Angst, dass du mich unterdrückst			

	stimmt nicht	stimmt teilweise	stimmt voll
Ich habe Angst vor deiner Empfindlichkeit			
Ich habe Angst, mit dir über alles zu reden			
Ich habe Angst vor deinen sexuellen Forderungen			
Ich habe Angst, mit dir über den Glauben zu sprechen			
Ich fürchte mich vor deiner Kritik			
Ich habe Angst, mit dir nicht mithalten zu können			
Ich habe Angst, dass du unzufrieden mit mir bist			
Ich habe Angst, betrogen zu werden			
Ich fürchte mich vor deiner Eifersucht			
Ich habe Angst vor meiner Eifersucht			
Ich habe Angst, in der Erziehung zu versagen			

Weiterführende Fragen und Anregungen:

1. Angst spielt im menschlichen Leben,
   auch in der Partnerschaft, eine große Rolle.
   Sind wir bereit, angstbasierte Störungen,
   die die Liebe beeinflussen, zu ändern?

2. Im Gespräch mit dem Partner über die
   Angstproblematik geht es nicht um
   Vorwürfe, sondern um eine ehrliche
   Klärung der Situation und eine
   anschließende gemeinsame Suche
   nach Lösungen.

3. Es geht darum, herauszufinden, womit
   die Ängste im Leben und in der Partnerschaft
   zu tun haben: Was oder wer hat sie gefördert?
   Wo wurden sie antrainiert? Was hält sie
   aufrecht?

4. Wenn keine befriedigende Antwort auf die
   Angstproblematik gefunden wird:
   Sind wir bereit, Seelsorge oder
   Fachberatung in Anspruch zu nehmen?

5. Die Eheleute können ihre speziellen Ängste
   jeweils mit einem Wunsch an den Partner
   verbinden. Wenn beispielsweise die Angst
   lautet: „Ich fürchte mich, verlassen zu
   werden", könnte als Wunsch formuliert werden:
   „Ich wünsche mir, dass du mir häufiger sagst,
   dass du mich liebst."

„Ich wünsche mir mehr Sicherheit.
Wie kann ich sie von dir erfahren?"
„Ich wünsche mir mehr Anerkennung von dir!"
„Ich wünsche mir mehr Aufmerksamkeit
von dir!"

Depressionen

Eine Schwerstform von Ängsten sind Depressionen – eine Krankheit der Hoffnungslosigkeit. In der englischen Sprache wird sie auch „black dog" („schwarzer Hund") genannt, ein treffendes Bild. Neuere Untersuchungen kommen zu dem Ergebnis, dass jede dritte Frau und jeder sechste Mann mindestens einmal im Leben von einer Depression betroffen sind. Das Leiden daran beginnt gar nicht so selten bereits in der Kindheit.

Eine Depression wird begleitet von einem geringen Selbstwertgefühl, verminderter Konzentrationsfähigkeit, Schuldgefühlen, pessimistischen Erwartungen, Schlafstörungen und Unruhe. Wer schwer depressiv ist, sollte sich unbedingt in eine Therapie begeben.

Gute Hilfen sind sinnvolle Aktivitäten, allein oder in Gemeinschaft, etwa Arbeit im Garten, Sport, Bewegung, handwerkliche und künstlerische Tätigkeiten, gute Bücher, Musik. Damit kämpft man nicht eigentlich gegen die Depression, sondern setzt ihr Positives und Konstruktives entgegen.

Hilfreich kann sein, sich mit Gleichgesinnten und Betroffenen zusammenzutun, statt sich zu sehr zurückzuziehen und zu verkriechen.

Eine Kirchengemeinde kann ebenfalls ein helfender Ort und eine tragende Gemeinschaft sein.

Nicht zuletzt darf der lebendige Gott als Tröster und Beistand entdeckt werden. Er ist mehr als ein Notnagel. Er liebt die Menschen, er steht ihnen bei, er versteht sie, er versöhnt sie im Innern; wir dürfen all unsere Sorgen auf ihn werfen. Wie oft haben mir Depressive in der Seelsorge gestanden, dass sie abends besser einschlafen und nachts durchschlafen können, wenn sie Gott alles im Gebet abgetreten haben.

Empfehlung 22:

Dem Glück auf der Spur bleiben

Schon in der Unabhängigkeitserklärung der Vereinigten Staaten von Amerika aus dem Jahre 1776 wird „the pursuit of happiness" („das Streben nach Glück") als menschliches Grundrecht genannt. Glück ist ein Baustein für ein zufriedenes und erfülltes Leben. Andere Begriffe sind: Lebensfreude, Lebensinhalt, Sinn des Lebens, Geborgenheit, sich zu Hause fühlen.

Selbstverständlich gibt es auch fragwürdige Klischees für das Glücksstreben. Menschen sehnen sich nach einer Traumhochzeit, einem Lottogewinn, einer Bilderbuchkarriere, einem Schweben im siebten Himmel usw.

Andere sprechen in diesem Zusammenhang vom „Flow". Den Begriff hat der Glücksforscher Mihály Csíkszentmihályi geprägt. Damit ist ein als zutiefst beglückend empfundener Zustand der Hingabe und des völligen Aufgehens in einer Sache, einer Tätigkeit, einer Aufgabe gemeint, bei dem man sich gleichsam selbst vergisst.

Welche Faktoren bestimmen unser Glück?

Leider geben heute Egoismus, Selbstsucht und Verwöhnung weithin den Ton an. Dabei sind die wichtigsten Glücksfaktoren: Helfen, Liebe, Geborgenheit, Gemeinschaft.

Helfen

Wer hilft, kommt gut an; wer hilft, erfreut den Nächsten; wer hilft, gewinnt Freunde.

Es gibt so viele, die Hilfe brauchen; wir müssen nur die Augen öffnen, dann sehen wir sie: Nachbarn, Kranke, Behinderte, Bedürftige, Bedrückte, Notleidende … Gute Gemeinschaft beinhaltet gegenseitige Hilfe, ein Füreinander-Eintreten.

Liebe

Wer Liebe von seinen Eltern, Geschwistern, Großeltern und von Gott erfahren hat, der ist liebes- und partnerschaftsfähig.

Ein solcherart „ausgerüsteter" Mensch kann geben und nehmen, schenken und wird beschenkt, kann teilen und man teilt gern mit ihm.

Geborgenheit

Auch das Geborgenheitsgefühl bestimmt unser Selbstwertempfinden und unsere Beziehungsfähigkeit. Wer sich im Elternhause aufgefangen und verstanden fühlte, wer sich umsorgt und angenommen sah, kann später im Zusammenleben mit seinem Ehepartner dieses Wohlgefühl vermitteln.

Gemeinschaft

Wer gelernt hat, in Gemeinschaft zu leben, ist kompromissfähig, rücksichtvoll, achtet das Gegenüber, kann bestätigen und wird bestätigt, kann gelten und gelten lassen.

Solche Menschen leben das Kerngebot des Alten und Neuen Testaments: „Liebe deinen Nächsten wie dich selbst!"

Immer mehr heranwachsende Männer und Frauen sind heute Einzelgänger. Sie ecken an. Sie haben den verbalen und handfesten Austausch miteinander nicht gelernt. Sie gehen eigene Wege und finden keinen fruchtbaren Austausch in der Partnerschaft.

Glück kann nicht direkt angestrebt werden

Diese Erkenntnis hat einer der bedeutendsten Psychiater des 20. Jahrhunderts, Viktor E. Frankl, klar herausgestellt: Wer Glück anstrebt, dem entzieht es sich. Je mehr ich es jage, umso mehr verjage ich es.

Glück ist also nicht das erfolgreiche Ergebnis einer Jagd nach ihm, sondern die Folge einer Lebenseinstellung, die die Arbeit, das Leben, die Liebe und den Sinn des Lebens bejaht; die Folge einer Kette von Lebensmustern, die dem glücklichen Menschen im Laufe seines Lebens zugewachsen sind.

Glück kann man nicht erzielen, es muss erfolgen. Es ist sozusagen eine Beigabe, eine Zugabe, ein „Nebenprodukt".

Wer keinen Sinn im Leben sieht, kann nicht glücklich werden.

Wer in Christus den Sinn seines Lebens erblickt, der ist auf dem Wege ins Glück.

Dem Lebensglück auf der Spur

Denkanstoß Nr. 1: Wer ein Ziel verfolgt, realisiert ein erfülltes Leben

Ein Ziel zu haben und zu verfolgen ist eine gute Voraussetzung für ein glückliches Leben.

Wer aus, in und durch Christus Arbeit, Dasein und Leben gestaltet, tut dem Nächsten und sich selbst einen guten Dienst.

Ziele, die die Gemeinschaft, die Partnerschaft und ein harmonisches Zusammenleben im Auge haben, bescheren uns Zufriedenheit.

Denkanstoß Nr. 2:
Eine sinnvolle Arbeit beschenkt uns mit Glück

Ein Mitarbeiter der Müllentsorgung bekam vor Jahren vom Bundespräsidenten das Bundesverdienstkreuz. Was war sein Verdienst?

Er hatte Abend für Abend defektes Kinderspielzeug, das er gesammelt hatte, repariert und es an mittellose Kinder verschenkt. Der Mann gab seinen Abenden und Wochenenden einen Sinn.

Denkanstoß Nr. 3:
Glück ist, die Dinge zu nehmen, wie sie kommen

Wer bekommen will und unbedingt bekommen muss, was er sich wünscht, schlittert von einer Enttäuschung in die andere.Wer alles aus Gottes Hand nimmt, wer ihm vertraut, was er schenkt und uns beschert, der lebt zufrieden und glücklich. Schönes und Schlimmes, Freudiges und Trauriges müssen zuerst an Gott vorbei. Dieses Wissen lässt uns gelassen bleiben. Unsere Deutung entscheidet über unsere Zufriedenheit.

Denkanstoß Nr. 4: Es geht um die irdische
und himmlische Glückseligkeit

Es ist selbstverständlich, dass die Bibel Glück ganzheitlich versteht. Ganzheitlichkeit beinhaltet: Leibliches und Geistliches, Seelisches und Menschliches gehören zusammen. Viele Christen meinen, dass der Segen der Glückseligkeit nichts mit weltlichen Genüssen zu tun habe. Aber denken wir doch nur einmal an das Hochzeitsfest zu Kana, bei dem Jesus Wasser in Wein verwandelte und so allen Beteiligten eine große und sehr „irdische" Freude bereitete.

Jesus spricht es klar und deutlich aus: „Ich bin gekommen, damit sie das Leben haben und volle Genüge" (Johannes 10,10). Hier ist kein Bereich ausdrücklich ausgeklammert: Gesundheit, Verstand, Vermögen, Beruf, Ehe und Familie …

Früher schrieben wir ins Poesiealbum: „Willst du glücklich sein im Leben, trage bei zu andrer Glück; denn die Freude, die wir geben, kehrt ins eigene Herz zurück."

Uns mögen diese Sätze heute sentimental und kitschig erscheinen. Aber sie sind zutiefst wahr. Wer hilft, liebt und sich mitteilt, wird selbst beglückt. Und in ganz besonderem Maße gilt das für die Ehe.

Empfehlung 23:

Liebe lebt von Vertrauen

Vertrauen ist der Schlüssel für alle Beziehungen. Vertrauen heißt:

- Ich kann mich auf den anderen verlassen.
- Ich kann dem anderen trauen.
- Ich wage, mich restlos zu öffnen.
- Ich kann mich auf den anderen einlassen.
- Ich schenke ihm oder ihr meine Liebe.

Liebe und Vertrauen

Liebe ohne Vertrauen ist wie ein Schiff ohne Wasser. Ein Schiff ist für das Wasser gebaut. Auf dem Land ist es sinn- und funktionslos.

Liebe ohne Vertrauen „funktioniert" nicht. Ohne Vertrauen können zwei Menschen nicht zusammenleben. Sie würden sich misstrauen, einander nicht glauben. Am Ende wäre die Liebe zerstört.

Es gibt zwei fundamentale Verhaltensformen, die das menschliche Zusammenleben bestimmen: eine grundsätzlich positive Haltung und eine grundsätzlich negative Haltung. Angewandt auf die folgenden vier Bereiche, ergeben sich jeweils konstruktive und destruktive Eigenschaften bzw. Haltungen. Erstere bilden die Grundlagen aller Kooperation, Letztere sind Ursachen von Konflikten und Reibungen. Diese gegensätzlichen Verhaltensmuster sind:

Gemeinschaftsgefühl – Feindseligkeit

Vertrauen zu Menschen – Misstrauen

Gleichwertigkeit – Minderwertigkeitsgefühl

Mut – Angst

Eine reife und ausgewogene Liebe beinhaltet ein gut entwickeltes Gemeinschaftsgefühl, sie lebt Vertrauen zum Mitmenschen, empfindet Gleichwertigkeit und zeigt Mut. Eine mangelhafte Liebe ist gekennzeichnet durch Gefühle der Feindseligkeit, sie spiegelt Misstrauen wider und ist im Würgegriff von Minderwertigkeitsgefühlen und Angst.

Eine Ausdrucksform der Liebe, die notwendig deren Gesamtkonzept abrundet, ist Vertrauen. Vertrauen ist ein Zugehörigkeitsgefühl: Wir gehören zusammen, wir treten füreinander ein. Wer Vertrauen hat, begegnet dem Partner auf Augenhöhe und bildet keine Ängste und Unterlegenheitsgefühle aus. Wer aber von solchen Gefühlen zerfressen ist, wird seine Liebesbeziehung zwangsläufig zerstören.

Zum Bedeutungsgefüge des Wortes „Vertrauen"

Wenn wir ein etymologisches Wörterbuch befragen, das Herkunft und Zusammenhänge dieses Wortes verzeichnet, erfahren wir, dass es abgeleitet ist von „trauen". Wenn ich dem anderen traue, dann öffne ich mich ihm gegenüber.

Das Verb „trauen" wird auch für „anvertrauen" gebraucht. In der Trauung, der Eheschließung, lassen sich zwei Menschen für ein Leben zu zweit trauen. Weil ich einem Ding nicht personhaft begegnen kann, kann man nur einer Person vertrauen.

Im Glauben spielt das Trauen auf Gott eine große Rolle. Der Liederdichter Paul Gerhardt konnte den Vers dichten: „Dem Herren musst du trauen, wenn dir's soll wohl ergehn …"

Was haben diese Wortfamilie und ihre Bedeutungen im Blick auf die Liebe auszusagen? Wer vertraut, traut dem Partner. Er kann sich nicht vorstellen, dass dieser Böses im Schilde führe. Der Vertrauende liefert sich aus, und zwar mit Haut und Haaren, mit Herz und Hirn. Er erwartet Gutes und fühlt sich angenommen und aufgehoben. Wer sich so vertrauend ausliefern kann, wer seine Hingabe nicht ängstlich infrage stellt, wird Harmonie in der Ehe erfahren. Denn Angst, Misstrauen und Minderwertigkeitsgefühle sind die Hauptstörenfriede in Bezug auf seelische und körperliche Übereinstimmung.

Was schränkt unser Vertrauen ein?

In der Eheberatung begegnen wir immer wieder Menschen, die ihrem Partner nicht vertrauen können. Genauer muss ich sagen: nicht vertrauen wollen. Sie stellen Bedingungen. Sie machen ihr Vertrauen von Einschränkungen abhängig:

„Ich vertraue dir nur,
wenn du das Rauchen einstellst."

„Ich vertraue dir nur,
wenn du die Schlamperei aufgibst."

„Ich vertraue dir nur, wenn du mir zeigst,
dass du meine Wünsche respektierst."

Die Liebe wird zu einem Handel, wenn Bedingungen gestellt werden. Geschenktes Vertrauen wird von Erpressungen abhängig gemacht.

Unter diesen Voraussetzungen verwandelt sich Vertrauen in Demütigung. Der andere wird unter Druck gesetzt. Er soll sich den Wünschen und Vorstellungen seines Partners beugen.

Vertrauen, das nur bedingungsweise gilt, ist wie ein rundes Viereck. Denn: Vertrauen ist grenzenlos, kennt weder Einschränkungen noch Bedingungen, ist ein Wagnis und ein Vorschussangebot.

Für alle menschlichen Beziehungen gilt: Vorschussvertrauen ist nötig. Dieses selbstverständliche Vertrauen ist aber nicht dasselbe wie ein rosaroter Optimismus oder gar jene Traumhaltung, die sich Luftschlösser baut und eines Tages darin zu wohnen hofft. Was helfen könnte, wäre die rechtzeitige Gewöhnung an die Realität, also eine angemessene Selbsteinschätzung ebenso wie die liebevolle, aber zugleich nüchterne Einschätzung des Partners mit Vorzügen und Fehlern. Denn Vertrauen setzt eine gewisse Berechenbarkeit und Verlässlichkeit des Partners voraus; unbeständige Menschen sind nicht vertrauenswürdig. Eine Idealisierung der Verhältnisse hat selten gutgetan; was nottut, ist Realitätssinn.

Dieses Vorschussvertrauen, das den Weg der Liebe kennzeichnet, bedeutet:

- Ich liebe dich mit Fehlern und Schwächen.
- Ich bejahe deine Eigenarten und Mängel.
- Ich akzeptiere dich so, wie du bist.
- Ich vertraue dir und gebe mich hin –
  trotz kleiner Unvollkommenheiten.

Liebe verlangt Offenheit

Wer Vertrauen wagt, offenbart und öffnet sich dem anderen. Wer kein Vertrauen wagt, versteckt sich vor ihm, aus Angst, dass Schwächen ans Tageslicht kommen und der Partner seine Offenheit ausnutzt. Man will das Heft in der Hand behalten. Ehe ist aber kein Konkurrenzunternehmen, wo einer dem anderen Niederlagen beibringen und triumphieren will. Wer keine Offenheit wagt, wer sich dem Partner nicht ausliefert, liegt mit ihm im Kampf. Rivalität bestimmt die Beziehung. Man liegt auf der Lauer und versucht zugleich, die eigenen Schwachstellen zu verdecken und zu schützen.

Nein, das ist keine Liebe!
Liebe verlangt Offenheit und Ehrlichkeit.

Da gibt es unter Christen die falsch verstandene Demut, zu schweigen und das Gefühl des Ärgers herunterzuschlucken. Man geht schweigend den „unteren Weg". Abgesehen davon, dass das auf Dauer krank machen kann: Das Unterdrücken von Gefühlen und das Schweigen und Dulden an falscher Stelle sind Botschaften, die den Sinn der Ehe verfehlen. Die totale Lebensgemeinschaft verlangt ganze Offenheit und uneingeschränktes Vertrauen zueinander. Falsche Rücksicht und Nachsicht – um des lieben Friedens willen – sind hier absolut fehl am Platz.

Und ein letzter Gedanke zum Thema Vertrauen: Haben wir schon einmal darüber nachgedacht, dass Offenheit, Vertrauen und Nacktsein etwas gemeinsam haben? Man lese hierzu in der biblischen Schöpfungsgeschichte den Vers 1. Mose 2,25: „Sie waren beide nackt, der Mann und seine Frau, und schämten sich nicht."

Wer dem Partner vertraut und sich ihm ganz öffnet, wer sich in der Ehe innerlich und äußerlich entblößen kann, muss sich nicht schämen. Die ersten beiden Menschen im Paradies hatten keine Geheimnisse voreinander. Sie brauchten sich nicht voreinander zu verstecken, sondern konnten sich zeigen, wie sie waren. Zwei Menschen, die dieses Vertrauen zueinander haben, die ehrlich und offen sich preisgeben, die können ein Fleisch werden. Ein solches Paar schenkt sich Liebe in reifer Form. Je mehr wir über den anderen und seine innere Welt wissen, desto fester und erfüllender wird die Partnerschaft sein. Das Vertrauen wird belohnt.

Die innere Verbundenheit stärken

Um unsere innere Verbundenheit zu stärken, können wir uns gemeinsam mit unserem Partner mit folgenden Fragen beschäftigen:

- Welche Rolle spielt Stolz in unserem Leben?
  Wollen wir gelobt werden?
- Welche besondere Zuneigung haben uns unsere
  Eltern entgegengebracht? Welche Rolle spielt die
  Zuneigung in unserer Partnerschaft?
- Welche Traumata haben wir erlebt? Welche
  bleibenden Folgen sind für uns gegebenenfalls
  erkennbar?
- Wie haben wir Trauer überwunden? Wie haben
  wir wieder ins Leben zurückgefunden?
- Wie wurden in unseren Familien Wut,
  Traurigkeit, Angst und Interesse füreinander
  ausgedrückt?
- Mit welchem emotionalen Problem mussten
  unsere Familien fertigwerden?
- Wie denken wir, dass Gefühle wie Trauer, Angst
  Zuneigung und Wut ausgedrückt werden soll-
  ten?
- Was sollte auf unserem Grabstein stehen?
  Wir stellen uns vor, wir müssten unseren eigenen
  Nachruf schreiben. Was sollten die Menschen
  von uns in Erinnerung behalten?
- Welche entscheidenden Ziele möchten wir gern
  noch erreichen?
- Welche Träume haben wir uns nicht gegönnt?
- Was möchten wir noch an uns verändern?

Empfehlung 24:

Der Erotik Raum geben

Die griechische Sprache, in der bekanntlich das Neue Testament geschrieben ist, hat mehrere Begriffe für unser Wort „Liebe". Die drei wichtigsten sind: „eros", die leidenschaftliche Liebe; „philia", die freundschaftliche Liebe; „agape", die bedingungslose Liebe. In diesem Kapitel soll es nur um die erstgenannte Form gehen, deren griechischer Terminus, wie leicht zu erkennen ist, für unser Wort Erotik Pate gestanden hat.

Erotik meint die seelische Ausdrucksform der Sexualität

Sexualität oder Geschlechtlichkeit meint den ganzen Menschen in seinem Frausein und Mannsein. Wie beim Menschen eine leibliche, eine seelische und eine geistige Dimension unterschieden werden, so kann man auch Liebe in den Sexus, den Eros und die Agape unterteilen: Während der Sexus den körperlichen Aspekt der Liebe und die Agape ihre geistig-geistliche Gestalt beinhalten, ist die Domäne des Eros die Seele der Liebenden. In einem weiteren Sinne kann Eros die leidenschaftliche Liebe allgemein bezeichnen, also nicht nur zu einer Person, sondern auch die tiefe Hingabe an eine Aufgabe, an den Beruf, an ein Hobby, die Passion für eine Sache usw.

Der Schweizer Theologe Emil Brunner hat einmal sehr treffend die erotische Liebe charakterisiert: Ihre Formel laute: „Ich liebe dich, weil du *so* bist", während die Agape-Liebe sage: „Ich liebe dich, weil du *da bist."* Konkret also: Erotik liebt das So-Sein, das schöne Gesicht, die Haare, den wohlgeformten Körper, die Stimme, das Lachen, den Humor usw.

Dass Erotik bei Frauen und bei Männern tendenziell eine unterschiedliche Ausprägung erfährt, ist keine überraschende Feststellung. Etwas vereinfacht gesagt: Er begehrt ihren Körper, sie begehrt seine Seele. Diese Unterschiede sind mir immer wieder in Beratung und Seelsorge begegnet. Der Schöpfer hat Männer und Frauen in dieser Hinsicht verschieden gestaltet.

Eros schafft seelischen Reichtum

Unter Eros verstehen wir auch das Fluidum der Sympathie, der Zuneigung und der Zärtlichkeit, das Mann und Frau sich gegenseitig spenden. Der Eros bringt seelischen Reichtum in die Paarbeziehung. Er erzeugt ein wohltuendes Klima, auf das besonders die Frau angewiesen ist und in dem sie sich geborgen fühlen und entfalten kann.

Erotik ist eine Kunst – und Kunst hat etwas mit Können zu tun. Sie muss erlernt werden wie das ABC. Sie verlangt Einfühlungsvermögen, Anstrengung und Fantasie. Sie muss geweckt, gepflegt und kultiviert werden. Der Mann, der seine Frau bewundert, ihre Kochkünste rühmt und ihr nicht nur für ihr Äußeres Komplimente macht, liebt erotisch. Zärtlichkeiten in Wort und Tat sind ein viel wirksameres Schönheitsmittel als alle Cremes, Lotionen und Kosmetika zusammengenommen.

Erotik ist spezifisch menschlich. Das Tier kennt sie nicht. Es ist programmiert und wird von Instinkten und Auslösereizen gesteuert. Es folgt seiner „Natur".

Der Mensch kann seine erotische Liebe gestalten und sie vervollkommnen. Darum ist Erotik in erster Linie Kultur und nicht Natur. Doch sie droht mittlerweile abhandenzukommen. Den werbenden und zärtlichen Mann gibt es oft nicht mehr. An seine Stelle ist der „erotische Ingenieur" getreten. Techniken und sexuelle Raffinessen spuken in seinem Kopfe herum. Er stürzt auf sein Ziel los und überspringt dabei alle Hürden und Schranken. Ihm geht es in erster Linie um den sexuellen Akt und nicht um die persönliche Begegnung. Ihm geht es nicht um die Partnerin, sondern um die eigene Lust.

Diese Tragik spiegelt sich in vielen Eheberatungs-gesprächen wider. Hier wird der Mann von der Frau nicht selten als „zärtlich abgestumpft", „lieb-los", „zu direkt" und als „stummer Fisch" charak-terisiert. Es ist so, wie viele Fachleute immer wieder bestätigen: Die Frau liebt erotischer als der Mann, für sie ist die erotische Beziehung lebensnotwen-dig. Der Mann verwechselt leider gern Sexualität mit Erotik. Viele Männer, vor allem junge, glauben fest daran und bestätigen es sich gegenseitig voll Überzeugung am Stammtisch: „Stimmt's im Bett, lösen sich alle anderen Probleme in der Partner-schaft von selbst."

Die Sexualität gehört selbstverständlich zur vollen Liebesentfaltung dazu. Aber sie ist nicht das einzige Element, nicht die einzige Ausdrucksform der Lie-be. Das muss der Mann von heute lernen, wie er es vermutlich immer hat lernen müssen: Erotik ist kei-ne Zeitvergeudung und kein überflüssiges romanti-sches Gehabe. Sie ist ein notwendiger Wegbereiter für die volle körperliche und seelische Hingabe. Wo sie fehlt, verarmt die Liebe.

Der Eros verleiht der sexuellen Beziehung eine Seele und schafft damit eine dauerhafte persönliche Be-gegnung. Ohne sie lassen sich keine Sexualproble-me lösen. Nur die Liebe schafft die Voraussetzung dafür, dass die Sexualität Schönheit und Klarheit besitzt und nachhaltig Freude bereitet. Sexualität ohne Liebe ist schal und leer.

„Mein Mann ist plump und direkt" – ein Beratungsbeispiel

Die Frau ist 26 Jahre alt, erst seit drei Jahren verheiratet und dennoch schon enttäuscht, ja verbittert. Sie hat sich die Ehe anders vorgestellt. Möglicherweise zu romantisch. Als sie auf das Thema Sexualität zu sprechen kommt, wird sie laut und aggressiv:

„Mein Mann liebt meinen Körper heiß und innig, das stimmt. Als Partnerin aber bin ich ihm gleichgültig. Einige Male in der Woche überfällt er mich ohne Vorankündigung. Zärtlichkeit ist für ihn ein Fremdwort. Er redet nicht, er handelt. Wenn er so plötzlich kommt, erstarre ich. Er ist einfach zu plump und zu direkt."

Ich frage: „Wenn Sie an die letzten Jahre zurückdenken, können Sie mir eine Szene schildern, wo das sexuelle Zusammensein schön und beglückend für Sie war?"

Sie muss nachdenken, bevor sie antwortet: „Das ist vielleicht ein Jahr her. Ich hatte es schrecklich eilig und kam mit der Arbeit nicht zurecht. Alles wuchs mir über den Kopf. Ich bat ihn, mir zu helfen. Wahrscheinlich hatte er seine Geberlaune.

Stundenlang hat er mir geholfen. Hat die Treppen gewischt und in der Küche mit mir den Abwasch erledigt. Ich war richtiggehend glücklich. Als wir abends ins Bett gingen, war es schön für mich, alles klappte wunderbar."

In der Tat, Erotik ist Liebeskunst, nicht Bettkunst. Zu ihr gehören Aufmerksamkeit und aktive Teilnahme am täglichen Geschehen. Sie sieht die Bedürfnisse des Partners und stellt sich darauf. Sie ist ein unabdingbares Element im Gesamtkomplex der Liebe.

„Vorspiel" und Erotik

In unserem Sprachgebrauch hat sich ein merkwürdiger Begriff durchgesetzt, der vor allem von Männern benutzt wird: das „Vorspiel". Das Wort kann nur von Männern geprägt worden sein. Frauen kämen gar nicht auf die Idee, von einem Vorspiel zu reden. Für eine Frau ist alles Liebe: das Gespräch, Komplimente, Lachen und Schäkern, der liebevolle Blick, das Sich-in-den-Arm-nehmen, Streicheln und Schmusen …

Für den Mann drängt alles auf das „Eigentliche", auf die sexuelle Erfüllung, auf den Orgasmus. Darum redet er vom Vorspiel. Das hört sich an wie eine Vorspeise, das Hauptgericht kommt später. Das

Vorspiel nimmt man in Kauf, als Pflichtübung gegenüber der Frau, als notwendiges „Vorprogramm".

Wenn ein Mann fragt: „Was gibt es heute zu essen?", dann meint er den Hauptgang. Das Drumherum ist Nebensache. In der Beziehung haben viele Männer einen „Tunnelblick". Die Frau sieht das Ganze. Die gesamte Mahlzeit ist für sie ein Genuss: der schön gedeckte Tisch, die Kerzen in der Mitte, die Blumen in der Vase, ruhige und spannungsfreie Gespräche.

Für die Frau gehört alles zusammen. Sie genießt mit Augen, Ohren und allen Sinnen. Sie liebt ganzheitlich, mit Leib, Seele und Geist. Für sie ist Erfüllung mehr als ein Orgasmus, mehr als bloße Triebabfuhr.

Eine kluge Frau packte ihrem Gatten folgende Sätze mit ins Butterbrot: „Lieber Schatz! Du wünschst Dir am Abend eine leidenschaftliche Frau. Die erotischen Treppenstufen dahin sind ganz einfach: Du deckst den Tisch, bringst nach dem Essen die Küche inklusive Abwasch auf Vordermann und anschließend unsere drei Kinder um 20.00 Uhr ins Bett. Ich bügele noch fünf Hemden und Du darfst mir unter der Dusche den Schweiß vom Körper waschen, wenn Du Lust verspürst." In der Tat: Nichts stimuliert eine Frau mehr als solche „erotischen Handreichungen".

Es mag sein, dass etliche Männer daran zu knabbern haben, dass ihre Erotik-Vorstellungen etwas anders sind als die der Frauen. Ich bin sicher, dass es umgekehrt ähnlich ist. Aber bis in die Gegenwart hinein erlebe ich diese unterschiedlichen Beschreibungen. Gott hat nicht umsonst zwei unterschiedliche sexuelle Wesen ins Leben gerufen. Beide müssen sich finden und ergänzen und so gemeinsam zur Harmonie in der Liebe gelangen. Eine Aufgabe, die ein Leben lang währt.

Empfehlung 25:

Verletzungen und Kränkungen überwinden

Kränkungen und Verletzungen gehören zum Leben. Weil wir verschieden sind, auch in Bezug auf unsere Empfindlichkeit und Verletzlichkeit (Vulnerabilität), können Kränkungen bei uns unterschiedliche Reaktionen und Wirkungen hervorrufen. Die einen brechen zusammen und sind den normalen Lebens- und Arbeitsanforderungen nicht mehr gewachsen. Andere sind tagelang eingeschnappt, innerlich wütend und mit sich und der Umwelt unzufrieden. Wieder andere schreien ihre Mitmenschen an, weil sie sich überfordert und bedroht fühlen.

Was hat uns so empfindlich gemacht?

Wer beispielsweise hochgradig sensibel ist, wird als Kind und Heranwachsender auf jede Kritik, auf Vorwürfe und lieblose Hinweise ärgerlicher, wütender und verletzter reagieren als Menschen, die weniger empfindlich und damit weniger angreifbar sind.

Wer als Kind in der Schule schlechte Leistungen bringt und schlechte Noten hat, wer sich als Heranwachsender nicht wertgeschätzt und nicht geliebt fühlt, wer von Minderwertigkeitsgefühlen geplagt wird und sich links liegen gelassen fühlt, der trägt im späteren Leben eine schwere Hypothek mit sich herum.

Alle Verletzungen, Diskriminierungen und Beleidigungen schlagen bei diesen Menschen doppelt ein. Manche Menschen reagieren darauf mit Autoaggression, im Sinne einer Selbstbestrafung, andere dagegen richten ihre Reaktion und Aggression nach außen, mit Wut und mit Anklagen.

Wie sollten wir reagieren?

Keine Lösungen sind Reaktionen wie Apathie, Abschottung, Aufrüstung. Wie sollten wir also reagieren?

Indem wir fragen: Was hat mich am meisten verletzt? Was kränkt mich an der Aussage? Hat mich eine solche oder ähnliche Aussage schon früher verletzt?

Und weiter: Was in mir ist verletzt worden: meine Zugehörigkeit, mein Vertrauen, meine Selbstannahme?

Hilfreiche Reaktionen sind:

1. Schwierigkeiten ansprechen und nicht verschweigen. Wer etwas verschweigt, distanziert sich damit vom anderen. Es entsteht eine Spannung zwischen den Partnern. Je liebevoller wir das Problem angehen, desto leichter sind Lösungen zu finden.

2. Das heißt auch, dass wir mit dem anderen leiden, wenn ihn etwas quält. Eheleute (er-) tragen „Freud und Leid" miteinander. Das ist ein Kennzeichen wahrer Liebe, auch wenn die Liebe, die beide im Namen Gottes praktizieren, die unterschiedlichen Meinungen, Gefühle, Einstellungen und Lebensstileigenarten nicht aus der Welt schaffen.

3. Das Festhalten an Vermeidungstaktiken erhöht den Schmerz. Was wollen wir festhalten? Was wollen wir nicht bearbeiten? Die Vermeidung macht unglücklich und ist ein Hindernis für eine gute Beziehung.

4. Es darf zwischen uns keine unangemessenen Geheimnisse geben. Sie wirken trennend. Menschen mit solchen Geheimnissen führen ein Eigenleben. Hier sind natürlich nicht harmlose Dinge wie Hobbys, Vereinsaktivitäten, Sportinteressen usw. gemeint; die darf jeder haben.

5. Wir praktizieren Vergebung. Vergebung im Sinne der Bibel ist eine Voraussetzung für innere Befreiung, Heilung und Unabhängigkeit.

Abschließend noch einige weiterführende Gedanken zu diesem Thema Vergebung: Wer vergibt, hat alles weitergegeben an Gott. Wir tragen nicht nach, nein, wir geben es ab. Und verzichten auf Rache und Vergeltung. Wichtig: Nicht das Problem ist die Ursache meines Ärgers, sondern meine Reaktion auf dieses Problem.

Vergebung kann sehr sachlich und distanziert geschehen. Sie ist noch keine Versöhnung. Wer vergibt, hat noch nicht zwangsläufig vergessen. Die Versöhnung, für die sich beide entscheiden, ist eine gemeinsame Arbeit – mit Gottes Beistand und Hilfe.

Empfehlung 26:

Liebe lebt auch von Vergebung

Am Schluss des letzten Kapitels war schon von Vergebung die Rede. Ein paar Gedanken dazu liegen mir noch am Herzen.

Weil Menschen verschieden sind, verschieden denken, verschieden entscheiden, gibt es Streit, Meinungsverschiedenheiten, Konflikte und Auseinandersetzungen.

Können beide Partner hier keine Vergebung praktizieren, löst sich die schönste Beziehung auf. Liebe ohne Vergebungsbereitschaft zerstört sich selbst. Vergebung ist bedingungslose Liebe, so wie Gott uns bedingungslos liebt, auch wenn wir nicht an ihn glauben.

Vergebung ist die wichtigste Sache der Welt. Sie ist Heilung für seelische Wunden und verhindert, dass Beziehungen zerstört werden. Und sie ist die Voraussetzung für eine Gemeinschaft mit Gott.

Liebende leben von der Vergebung

Der Schriftsteller Manfred Hausmann hat einen Roman mit ebendiesem Titel „Liebende leben von der Vergebung" verfasst. Da leben zwei Menschen recht und schlecht zusammen. Er ist Arzt und sie eine gute Hausfrau. Den Ehezwist löst ein befreundeter Dichter aus, der Frau Irene gut leiden kann und bei dem sie ein Auge riskiert. Ihrem Mann, der praktisch veranlagt ist, bleibt der Dichter ein Dorn im Auge. Der Dichter Melchior Medardus ist also der berüchtigte andere, der die Ehe auf die erste Probe stellt. Es muss kein Arzthaushalt und der andere kein Dichter sein. Die Gefährdung der Ehe beginnt mit jedem anderen und ist unabhängig von Stand, Klasse und Portemonnaie.

Wie viele Eheleute gibt es, die um eines Dritten willen schuldig werden! Schnell sammelt sich ein Schuldkonto. Der Riss klafft weit auseinander. Zwei Menschen leben sich auseinander, sie leben aneinander vorbei. Sie gehen ihre eigenen Wege und eines Tages geht es nicht mehr, wenn nicht … ja, wenn die Vergebung den Riss nicht kittet.

Menschlich, wirklich menschlich aber begegnen sie sich erst dann wieder, wenn sie einander das, was sie schuldig geblieben oder worin sie schuldig geworden sind, nicht vergelten, sondern vergeben. Wo Vergebung der Sünde ist, da sind Liebe und Seligkeit; wo aber Vergebung der Sünde nicht ist, da ist das Ende der Liebe, die Zerstörung der Partnerschaft.

Gewiss: Absolute Treue ist ebenso wie Sündlosigkeit für den Menschen unmöglich. Absolute Treue ist ein Ideal, dem kein Mensch gerecht wird. Untreue und Schwachwerden gehören zum Ehealltag. Das ist jedoch keine Entschuldigung, sondern lediglich eine sachliche Feststellung.

Problematische Gebete

„Herr, wir haben Eheschwierigkeiten,
lass unsere Ehe wieder gut werden!"

„Herr, wir streiten uns dauernd, gib,
dass wir friedvoller miteinander umgehen!"

„Herr, wir sind oft weit auseinander, hilf,
dass wir wieder Nähe und Frieden praktizieren!"

Was ist an diesen Gebeten problematisch?

Der Beter wendet sich vertrauensvoll an seinen Herrn, ist aber innerlich gar nicht auf Hören und ernsthaftes Nachdenken über seine Ehe eingestellt. Er erwartet, dass Gott durch den Heiligen Geist selber alles ändert, aber den Betenden nicht miteinbezieht. Er erwartet, dass Gott handelt, ohne dass wir Menschen zur Sündenerkenntnis gekommen sind.

Beten heißt jedoch immer: Ich frage nach eigener Schuld, nach meinen Fehlern und nach meinem Anteil am Problem. Ich bete um konkrete Einsicht in meine Fehler und Sünden: „Herr, mach mir klar, was ich persönlich verschuldet habe!"

Vergeben und vergessen

Es heißt, ein schwedischer Graf besitze ein denkwürdiges Buch, in das drei Staatsmänner ihre Lebensweisheiten eingetragen haben. Der 80-jährige französische Minister Guizot schrieb: „In meinem langen Leben habe ich zwei weise Lehren gelernt: Die eine ist, vieles zu vergeben; die andere, nichts zu vergessen." Unter diese Worte schrieb ein anderer französischer Staatsmann: „Ich habe gefunden, dass ein wenig Vergessen der Aufrichtigkeit der Vergebung nicht schadet." Nun war auf dem Blatt noch Platz, dahin schrieb Bismarck seinen Spruch. Er hatte seine eigenen Gedanken über Vergeben und Vergessen, denn unter die Weisheiten der beiden Franzosen schrieb er: „In meinem Leben habe ich gelernt, viel zu vergessen und mir viel vergeben zu lassen."

Viele Menschen wollen vergeben, aber sie können nicht vergessen. „Das vergesse ich dir nie." Solche Vergebung ist halbherzig, sie ist Stückwerk und birgt den Keim neuen Unheils in sich. Wer nachträgt und „alte Sünden" wieder auffrischt und auftischt, zerstört das Band, das die Vergebung eigentlich wiederherstellen sollte.

Vergebung beinhaltet auch Vergessen. Natürlich nicht das faktische Vergessen, sondern das Nicht-mehr-Nachtragen, das Sterbenlassen der Erinnerung. Vergeben hängt darum mit Weggeben zusammen. Die Schuld wird abgelegt und beiseitegetan, es wird ein Schlussstrich gezogen.

Leider steht vielen Eheleuten hier ein zu gutes Gedächtnis im Wege. Sie können es nicht lassen, die alten Geschichten immer wieder hervorzuholen und aufzuwärmen, um den Partner zu kritisieren.

„Die Liebe deckt alles zu"

Paulus schreibt über die Liebe (1. Korinther 13,7): „Sie deckt alles zu, sie glaubt alles, sie hofft alles, sie erträgt alles."

Leichter gesagt als getan! Ist meine menschliche, wandelbare Liebe gemeint? Können wir wirklich alles zudecken? Betrug, Ehebruch, Gemeinheiten und Bosheiten? Oft sind wir hier verständlicherweise überfordert.

Nein, meine Liebe vermag das nicht. Aber Gottes unfassbare Liebe, seine große Barmherzigkeit, seine übermenschliche Geduld können es in uns bewirken. Das Geschehen mag im Kopf verankert bleiben. Aber dass ich es innerlich nicht mehr festhalte, das kann der lebendige Gott schenken.

Zwei Menschen, die bedingungslos Ja zueinander gesagt haben, können immer durch den Akt der Vergebung einen Neuanfang wagen. Es gibt praktisch kein Vergehen, das nicht vergeben werden könnte. Auch der Ehebruch, so schlimm und traurig er ist, muss für Christen kein Scheidungsgrund sein.

Paulus hat recht: „Die Liebe deckt alles zu." Ja, da steht tatsächlich „alles". Auch Ohrfeigen, Lügen, Demütigungen, tiefe Verletzungen, Bosheiten und Gemeinheiten? Ja. Vielleicht fühlen wir uns hier überfordert. Wir bekommen das Geschehene nicht unter die Füße. Das ist menschlich verständlich. Jedem sind Grenzen gesetzt, die er selbst mit gutem Willen nicht überschreiten kann. Aber möglich ist es, vor allem, wenn Christen in der Kraft Gottes versuchen, auch schwerste Verfehlungen zu vergeben und zu vergessen.

Damit wir nicht aneinander vorbeireden: Völlig vergessen können wir nicht. Die Dinge sind im Kopf gespeichert. Aber sie stehen uns nicht mehr ständig vor Augen. Wir können sie ohne Ärger, ohne Wut und ohne Nachtragen ruhen lassen. Wer vergibt und vergisst, schafft eine neue Basis, auf der Vertrauen wachsen kann. Die Vergebung schafft einen neuen Anfang. Und ohne Neuanfang keine tragfähige Liebe.

Auch hier wird deutlich, wie die verschiedenen Elemente der Liebe unlösbar miteinander verzahnt sind. Liebe ist ein komplexes Gebilde mit vielfältigen Ausdrucksformen. Fehlt ein wichtiges Teilstück, „läuft" die Liebe nicht mehr. Die Vergebung sorgt dafür, dass das Rad der Liebe sich wieder dreht.

Wer vergibt, zieht einen Schlussstrich unter die Vergangenheit, streckt die Hand zur Versöhnung aus, wagt mit Vorschussvertrauen einen Neuanfang.

Sich selbst vergeben – um Vergebung bitten – Vergebung annehmen

In der Tat, wir alle haben unsere Macken und Eigenarten, unsere Minderwertigkeitsgefühle und Schwächen. Nur wer sich selbst vergeben kann, wer seine Defizite einsieht, kann auch dem Mitmenschen vergeben. Wer es nicht kann, schiebt in der Regel dem anderen die Schuld in die Schuhe. Er hält sich für besser und fühlt sich überlegen.

Es zeugt von Stärke, vor sich selbst, vor dem anderen und vor dem lebendigen Gott seine Fehler, Sünden und Schwächen einzugestehen. Wir schaffen Frieden und Übereinstimmung und legen alle Feindseligkeit ab.

Beziehungen, die auf Dauer angelegt sind, bringen es nun einmal mit sich, dass man dem anderen früher oder später wehtut. Das ist nicht zu vermeiden. Die Fähigkeit, zu verzeihen oder um Verzeihung zu bitten, ist wichtig, damit die Beziehung bestehen bleibt. Wenn sich jemand von mir verletzt fühlt, sollte ich mich ganz auf dessen Seite stellen und mich dafür interessieren, was genau diese Verletzung bei ihm ausgelöst hat. Ich sollte den Schmerz anerkennen, den ich erzeugt habe, und das auch verbal zum Ausdruck bringen, etwa mit diesen Worten: „Ich bedaure sehr, dass ich dir damit so wehgetan habe, und es tut mir wirklich leid." Wobei ich als Seelsorger ergänzen muss, dass eventuell auch eine Wiedergutmachung notwendig ist.

Das Ganze ist natürlich kein einseitiger Vorgang. Der Verursacher allein hat es mit seiner Bitte um Verzeihung nicht in der Hand. Auch der Verletzte muss die Verzeihung annehmen. Wichtig ist auch zu wissen, dass die Zeit nicht alle Wunden heilt. Leichte Verletzungen vielleicht schon, aber schwere Verletzungen brauchen Heilungszeit. Wohl dem, der im Namen Jesu vergeben und im Namen Jesu die Vergebung akzeptieren kann.

Ein weiser Mensch hat einmal gesagt: „Wenn du das Kriegsbeil begraben willst, dann lass seinen Griff nicht aus dem Boden ragen."

Die Konfliktlösung beginnt bei mir

Die Eheberatung weiß ein Lied davon zu singen, wie schnell Frauen ihre Männer und Männer ihre Frauen beschuldigen und verantwortlich machen. Beide machen sich gegenseitig Vorwürfe und schüren den Streit. Solange die Schuld beim Partner gesucht wird, lässt eine Änderung der Eheschwierigkeiten auf sich warten. Wer dem anderen die Schuld in die Schuhe schiebt, wäscht sich rein und ist nicht bereit, über seinen Anteil nachzudenken.

Die Bibel gibt auch den Eheleuten praktische Regeln an die Hand, mit denen sie beginnen können, Konflikte zu lösen: „Was siehst du aber den Splitter in deines Bruders Auge und nimmst nicht wahr den Balken in deinem Auge? Oder wie kannst du sagen zu deinem Bruder: Halt, ich will dir den Splitter aus deinem Auge ziehen! – und siehe, ein Balken ist in deinem Auge? Du Heuchler, zieh zuerst den Balken aus deinem Auge; danach kannst du sehen und den Splitter aus deines Bruders Auge ziehen" (Matthäus 7,3- 5).

Oder um einen Vergleich des bekannten Seelsorgers Jay E. Adams anzuwenden: Eheleute dürfen nicht den Deckel vom Mülleimer ihres Partners reißen, bevor sie nicht die eigene Abfalltonne geleert haben.

Konfliktlösungen beginnen bei mir und nicht beim anderen. Ich mache den Anfang und warte nicht auf den Partner. Genau das tun viele nicht. Sie greifen an. Die Änderung aber beginnt bei mir. Mich allein kann ich ändern. Ich habe kein Recht, den anderen ständig zu kritisieren und ihm seine Fehler vorzuhalten.

Haben sich aber erst einmal Konflikte festgefressen und im Innern eingenistet, wird der erste Schritt zur Versöhnung immer schwieriger. Meine Mutter hat meiner Frau und mir zur Hochzeit einen Spruch geschenkt, der uns in vielen Ehejahren eine Hilfe war: „Versündigt euch nicht im Zorn und versöhnt euch wieder miteinander, bevor die Sonne untergeht" (Epheser 4,26).

Der heimliche Groll untergräbt die Liebe. Er kann Leib und Seele krank machen und unbewusst zu Impotenz und Frigidität führen. Plötzlich ist die Hingabe blockiert, die Unversöhnlichkeit trägt ihre negativen Früchte.

Wem fällt es leichter, den Partner um Vergebung zu bitten? Antwort: Wer Versöhnung bei Gott für eigenes Unrecht gefunden hat. Wer selbst wieder vor Gott frei atmen und zufrieden leben kann, dem ist es unmöglich, seinem Partner mit Bosheit und Bitterkeit zu begegnen. Wer vergeben kann, reicht seinem liebsten Menschen die Hände, er legt den Grundstein für neues Vertrauen und lebt eine ganzheitliche, reife Liebe.

Empfehlung 27:

Agape – die Liebe aus Gott

Deutlich geworden ist: Das Wort Liebe besteht nur aus fünf Buchstaben aber aus tausend Missverständnissen.

Die Ausdrucksform der Agape, also der Liebe aus Gott, ist für Christen zweifelsfrei die wichtigste. Sie ist die Kraftquelle, die alle anderen Gestalten der Liebe durchdringt. Agape ist die uneigennützige, wohlwollende und hingebungsvolle Liebe von göttlicher Qualität. Diese Liebe aus, in und durch Gott gibt unserem Liebesbemühen Auftrieb.

Die geistliche Kraftquelle

Gary Chapman schreibt am Schluss seines 1992 erschienenen Weltbestsellers „Die fünf Sprachen der Liebe" sehr persönlich darüber, wie er infolge einer Ehekrise auf die Suche nach den Wurzeln des christlichen Glaubens ging und schließlich in der Liebe Gottes – der sein Liebstes für uns hingab – und in der Liebe Christi – der noch am Kreuz für seine Feinde betete – seine geistliche Kraftquelle fand, die Kraft, auch da zu lieben, wo es schwierig ist.

Ich kann diese Aussage nur unterstreichen: Die Agape haben wir nicht im Blut. Sie ist und bleibt ein Geschenk. Chapman geht davon aus, dass hohe Scheidungszahlen ein Beleg dafür sind, dass viele mit einem „leeren Liebestank" leben. Es ist unsere bewusste Entscheidung, Ja zum Partner und zu seinen Bedürfnisse zu sagen und mit Gottes Agape unsere verschiedenen Ausdrucksformen der Liebe zu durchdringen. Die Agape-Liebe in der Ehe ist schenkende, dienende, sich hingebende Liebe. Sie zu investieren lohnt sich: Wir bekommen in der Regel reichlich zurück!

„Ich liebe dich, weil du da bist"

In diesem Satz kommt die Agape, die wohlwollende, die göttliche Liebe zum Ausdruck. Sie nimmt den anderen, wie er ist. Sie bejaht ihn mit Vor- und Nachteilen. Der Hauptakzent für den Eros dagegen lautet: „Ich liebe dich, weil du so bist, nämlich attraktiv, faszinierend, überwältigend …" Also ein deutlich anderer Ansatz.

In einem der vorhergehenden Kapitel ist dieser Unterschied, ja Gegensatz, auf den der Theologe Emil Brunner sehr deutlich hingewiesen hat, bereits angesprochen worden. Brunner stellt weiter fest, dass Eros und Agape, Erotik und Liebe aus Gott, durch den Sündenfall auseinandergerissen wurden.

Die erotische Liebe ist menschlich. Wer sie verteufelt, macht sich schuldig. Aber sie gehört zur „gefallenen Schöpfung", die eben nach dem Sündenfall einen „Knacks" bekommen hat. Gott ist in die Welt gekommen, um diesen Knacks zu heilen. Er ist gestorben und auferstanden, um der Liebe in ihrer ganzheitlichen Gestalt wieder zum Durchbruch zu verhelfen.

Die Liebe aus Gott hebt sich deutlich vom Blickwinkel der flüchtigen und egoistischen Eros-Liebe ab. So konnte Martin Luther in seiner 28. These zur Heidelberger Disputation von 1518 zugespitzt formulieren: „Denn darum sind die Sünder schön, weil sie geliebt werden; nicht darum werden sie geliebt, weil sie schön sind." In diesem Sinne ist mein Ehepartner schön, weil ich ihn bejahe; attraktiv, weil ich zu ihm halte; begehrenswert, weil er der Liebe bedarf. Wenn das Neue Testament von der Agape spricht, dann gibt es für sie keinen anderen Gegenstand als das Du Gottes und das Du des Nächsten. Die erotische Liebe dagegen kennt Bedingungen: „Ich liebe dich, wenn du bestimmte Erwartungen erfüllst; wenn du mir gefällst; wenn du meine Bedürfnisse befriedigst; wenn meine Gefühle für dich positiv sind."

Die Agape, die altruistische, selbstlose Liebe, kann darum auch nur an der grund- und bedingungslosen Liebe Gottes zum Menschen gemessen werden. Gott liebt in Christus den Menschen, der keinen besonderen Wert aufweisen muss, den keine ausgeprägte Sympathie heraushebt und der keine bestimmte Attraktivität in die Waagschale werfen kann. Wir werden geliebt – um unserer selbst willen. Wir werden geliebt, weil wir da sind.

„Einfach Liebe"

Das ist der schlichte Titel eines Romans der sowjetischen Schriftstellerin Wanda Wasilewska. Im Mittelpunkt steht Maria, eine Krankenschwester, die in der Zeit des Großen Vaterländischen Krieges ihr Menschentum und ihre Liebe bewähren muss. Ihr Bräutigam, Grischa, ist als Offizier beim Kampf um Stalingrad schwer verwundet worden. Kurze Zeit darauf empfängt die Krankenschwester und Braut die amtliche Todesnachricht. Im Urlaub sucht sie die Stadt und das Haus auf, wo sie sich kennen und lieben lernten. In ihrem Herzen tobt der Schmerz um Grischa. Wie eine Träumende kehrt sie an die Arbeit zurück. Sie wird von ihrem Chef stark umworben, weist aber alle Annäherungsversuche zurück. Ihr toter Bräutigam ist ihr einziger Gedanke.

Da trifft plötzlich ein Telegramm ein, das die Todesnachricht widerruft. Der Bräutigam ist in einem

Lazarett aufgetaucht. Maria bekommt die Genehmigung, ihn zu pflegen.

Aber das Wiedersehen stürzt sie in bittere Verzweiflung. Sie findet ein menschliches Wrack vor, das mit dem ehemals geliebten Menschen nur noch wenig zu tun hat. Das Antlitz ist entstellt, ein Arm und ein Bein sind amputiert. Maria ist entsetzt und wie gelähmt. Sie findet keinen Zugang zu diesem Menschen. Wenn sie Grischa anblickt, nimmt sie eine Grimasse wahr. Unter Aufbietung aller Kräfte bemüht sie sich, ihren Zustand zu verbergen. Sie versucht, seinem Befinden gerecht zu werden und Liebe zu üben. Aber in ihr ist alles wie zugeschnürt. Sie fürchtet sich vor jedem neuen Tag und jeder neuen Stunde. Wochenlang leben beide nebeneinander her. Nur die notwendigsten Worte werden gewechselt.

Grischa kann das nicht länger ertragen und eines Tages ruft er sie zurück, als sie das Zimmer verlassen will. Sein „Maria!", geht ihr durch Mark und Bein. Sie hört seine warme, sehnsüchtige Stimme. Und in ihr bahnt sich eine Veränderung an.

Plötzlich weiß sie, dass sie diesen Menschen lieben wird und lieben muss. Alle romantischen Jungmädchenträume, alle Gefühle der Verliebtheit und Verrücktheit sind zu Ende. Ihr wird eine Liebe geschenkt, die mehr ist als Mitleid und Pflichterfüllung. Sie lernt, Ja zu sagen zu einem Menschen, der alle Attraktivität des Mannes verloren hat, den sie einst kannte.

Unsere normalen Liebesgefühle, die von Sympathie, Lust, Begierde und manchen anderen Faktoren gekennzeichnet sind, reichen in der Regel nicht aus, um die tiefe Liebe einer Maria zu Grischa zu verstehen und nachzuleben. Wer auf die Agape, die Kraftquelle der göttlichen Liebe, zurückgreifen kann, wird auch da noch lieben können, wo unser natürliches Liebesreservoir erschöpft ist.

Die Agape hört niemals auf

Die menschliche Liebe, wie wir sie in den bisherigen Elementen vorgestellt haben, die auf Gefühlen aufbaut und von Sympathie und Antipathie, von Launen und Zufällen abhängig ist, kann mit der göttlichen Liebe kaum verglichen werden. Wenn es in 1. Korinther 13,8 heißt: „Die Liebe höret nimmer auf", dann ist damit jedenfalls nicht unsere zerbrechliche, angefochtene und wankelmütige Liebe gemeint. Nein, es ist die schenkende Liebe, die nichts erwartet; die Hingabe an den anderen, die nichts zurückhaben will; das bedingungslose Für-den-anderen-da-Sein.

Wer an dieser Liebe teilhat, der hat am lebendigen Gott teil. Wer von der Liebe reden will, muss zum Anfang zurückgehen. Am Anfang steht der Schöpfer und Wohltäter des Menschen. Am Anfang steht Gott als der Inbegriff der Liebe. „Darin ist erschienen die Liebe Gottes unter uns, dass Gott seinen eingebornen Sohn gesandt hat in die Welt, damit wir durch ihn leben sollen. Darin besteht die Liebe: nicht dass wir Gott geliebt haben, sondern dass er uns geliebt hat und gesandt seinen Sohn zur Versöhnung für unsre Sünden" (1. Johannes 4,9.10).

Daraus ergibt sich, dass wir den Inbegriff der Liebe nur kennen und uns gegenseitig lieben können, wenn wir Gott kennen. Seine Liebe wurde in Jesus Christus Person. „Lasst uns lieben, denn er hat uns zuerst geliebt" (1. Johannes 4,19).

Diese Agape hält die Treue, sie spielt nicht mit dem Seitensprung, sie will keine Lieblosigkeit. Keine Charaktereigenschaft und kein Nachlassen der Eros-Liebe können die Agape hindern, treu zu sein. In guten und in bösen Tagen, in der Jugend und im Alter, in Freud und Leid, bei Gesundheit und Krankheit sagt sie Ja zum Partner.

Liebe in diesem Sinne ist ein Geschenk, eine kostenlose kostbare Zuwendung, eine Geistesgabe. Diese Agape stärkt, belebt und trägt unsere Partnerschaft.

Nachwort

Dieses Buch ist mein Vermächtnis nicht nur an meine Leser, sondern auch an alle interessierten und betroffenen Menschen, junge wie alte:

Liebe ist ein menschliches und geistliches *Geheimnis*, das uns reich macht und beschenkt.

Liebe ist eine *Geistesgabe*, die der lebendige Gott uns anvertrauen will.

Liebe ist ein einmaliges *Gottesgeschenk*, das uns innerlich und äußerlich revolutionieren möchte.

Liebe ist ein *Verhaltensmuster*, das wie kein anderes uns in Gott erquickt, erfreut und beglückt.

Liebe ist ein *Einstellungswunder*, das angefochtene Partnerschaften erneuern kann.

Liebe ist eine *Gemeinschaftsfähigkeit*, die das Zusammenleben in allen Beziehungen stärkt und aufbaut.

Liebe ist ein *Wunder*. Warum machen nicht mehr Menschen von diesem Wunderwerk Gebrauch?

Liebe ist in Christus für alle – ohne Wenn und Aber – erhältlich. Loten Sie diese Liebe aus! Gott hat sich in seinem Sohn Jesus Christus selbst geopfert, um die Welt zu retten, um die Menschen zu befreien und zu beglücken. Wollen auch Sie zu den in Liebe Bereicherten zählen? Gehen Sie im Glauben das Wagnis ein und prüfen Sie, ob ich zu viel versprochen habe.

Reinhold Ruthe

geb. 1927 in Löhne, Kreis Herford.
Verwitwet, eine Tochter.
Studium am Seminar für Evange-
lische Jugendführung in Kassel.

 11 Jahre Generalsekretär des CVJM
in Hamburg, wo er mit seiner Frau Charlotte die erste
deutsche Eheschule für junge Menschen gründete und
Religion an einem Privatgymnasium unterrichtete.

Nach einer Ausbildung zum Eheberater am Berliner
Zentralinstitut für Ehe- und Familienfragen und nach ei-
ner Ausbildung zum Psychotherapeuten für Kinder und
Jugendliche leitete er bis zum Jahre 1990 die Evangelische
Familienberatungsstelle des Kirchenkreises Elberfeld.

Er war 15 Jahre Dozent für Psychologie und Pädagogik an
zwei staatlichen Fachschulen. Von 1986 bis 1998 arbeite-
te er mit Frau und Tochter als Ausbildungsleiter des von
ihnen gegründeten Magnus-Felsenstein-Institutes für be-
ratende und therapeutische Seelsorge.

Reinhold Ruthe hat die Entwicklung der Seelsorge und
christlichen Psychologie entscheidend beeinflusst und
schrieb etwa 150 Bücher zu Sexualpädagogik, Psychologie, Theologie, Ehe- und Familienberatung sowie Bild-
bände und Andachtsbücher.

Was meine Seele stark macht

Mit Resilienz das Leben meistern
Anregungen für mehr seelische Widerstandsfähigkeit und Lebensqualität, psychologische Erkenntnisse und Impulse aus christlicher Sicht vereinen sich zu diesem bereichernden Ratgeber, der hilft, dem Leben mit Selbst- und Gottvertrauen erfolgreich zu begegnen.
Taschenbuch, 176 S., 11 x 18 cm.
ISBN 978-3-86338-003-8

Charlotte geht

Das hohe Alter, die Demenz und der Abschied von meiner Frau
Umrahmt von der Geschichte seiner Frau, verbindet Ruthe auf einmalige Weise Sach-Informationen mit einer spezifisch christlichen Perspektive auf Demenz und das Altern.
Taschenbuch, 144 S., 11 x 18 cm.
ISBN 978-3-86338-020-5

Reinhold Ruthe • *Mit Gott für den Menschen, Autobiografie*
Als Autor, Dozent und Berater prägte Ruthe die christliche Öffentlichkeit und Seelsorge. Sein spannender Lebensweg führt durch neun Jahrzehnte und sich wandelnde Wertvorstellungen.
Hardcover, 224 S., 14 x 21 cm.
ISBN 978-3-86338-008-3